COLLECTION · GALLIA ·

COLLECTION
GALLIA

COLLECTION GALLIA

Publiée sous la direction de

CHARLES SAROLEA

LÉON BOURGEOIS

Pour

La Société des Nations

COLLECTION GALLIA

Léon Bourgeois

LÉON BOURGEOIS

POUR

LA SOCIÉTÉ DES NATIONS

PARIS: GEORGES CRÈS ET CIE.
LONDRES: J. M. DENT & SONS LTD.
NEW YORK: E. P. DUTTON & CO.

L'ŒUVRE DE LÉON BOURGEOIS

L'œuvre de Léon Bourgeois est complexe et touche à tous les problèmes principaux de la politique et de la sociologie: cependant il est possible de la résumer d'un mot qui en montre la parfaite unité, et qu'il a inscrit sur l'un de ses premiers livres, c'est le mot « solidarité ».

Le fait de la solidarité universelle dans le monde biologique comme dans le monde économique n'est plus aujourd'hui contesté par personne, et par ses écrits, par ses discours, Léon Bourgeois a certainement contribué dans une large mesure à le mettre définitivement en lumière. Que tous les êtres soient dans une interdépendance étroite vis-à-vis les uns des autres « que les êtres humains, en particulier, soient plus que tous les autres rigoureusement soumis à cette loi puisqu'elle ne régit pas seulement leur développement physique, mais leur pensée même et leur conscience », nul plus que lui ne l'a démontré.

Mais, ce qui lui revient peut-être plus directement dans l'évolution des idées nouvelles, c'est d'avoir montré clairement que la solidarité de fait qui pèse sur les hommes et à laquelle nul d'entre eux ne peut se soustraire, ne résout pas aveuglément le problème de la vie morale de l'humanité. Nous citerons de lui ces paroles qui expriment toute sa pensée:

« L'idée de justice est le fondement de la cité moderne et c'est au service de cette idée de justice que doivent être mises les lois naturelles de la solidarité universelle.

« Les forces aveugles de la pesanteur nous menacent, et a chaque heure de notre existence, elles peuvent nous écraser. L'homme sait se servir, cependant, de ces lois aveugles pour construire et pour élever vers le ciel d'admirables monuments où sa raison a su mesurer leurs actions diverses et les combiner suivant un plan d'équilibre et d'harmonie.

« De même nul ne peut songer à organiser la société humaine en ignorant, en négligeant les inévitables effets de la loi de solidarité. Mais, il est possible de s'en servir pour le bien commun, il est possible à notre raison d'en coordoner les effets pour créer l'édifice de justice.

« La solidarité détermine une définition nouvelle des obligations et des droits des hommes, elle permet de formuler une morale et d'instituer un droit où chacun de ceux-ci n'est pas seulement un individu opposé à l'ensemble des autres hommes, mais un associé étroitement uni à tous les autres associés humains et partageant avec eux pour son développement comme pour le leur le bienfait d'une sorte de communion universelle. »

Cette philosophie, Léon Bourgeois en a fait la raison d'être de sa vie. C'est d'elle que découle, en effet, toute son action au cours d'une carrière très remplie, notamment comme Président du conseil, comme ministre des Affaires étrangères, comme ministre du Travail, comme délégué de la France aux deux Conférences de La Haye, et comme Président d'un grand nombre d'œuvres sociales.

Cette idée éclaire sa personnalité et justifie sa tendance à résoudre les problèmes par des formules de conciliation et de bonté.

C'est elle enfin qui l'a guidé dans son triple effort pour améliorer les conditions d'existence des hommes dans la *Famille*, dans *la Nation* et dans « *La Société des Nations.* »

Au sein de la *Famille*, le fait de la solidarité est d'une évidence facile à saisir. La maladie de l'un ne met-elle pas en danger la santé des autres? Les membres de la famille sont comme les cellules d'un être vivant: l'équilibre de chacune paraît nécessaire à l'équilibre de l'ensemble. Léon Bourgeois se préoccupe donc d'abord d'organiser la solidarité familiale par des institutions de prévoyance, de mutualité, par des œuvres de protection de l'enfant telles que la « Maison maternelle, » le patronage des enfants anormaux, etc.

Ce qui est vrai pour la famille l'est pour la *Nation*. Ses membres sont également solidaires. Les épidémies des quartiers pauvres contaminent les quartiers riches; la misère aiguë, la souffrance de quelques-uns provoquent des troubles, des grèves, des révolutions. De ces faits et de tant d'autres analogues se dégage impérieusement pour Léon Bourgeois cette vérité: le bien de tous est lié au bien de chacun et réciproquement. Cette loi, qui est si loin d'être appliquée par les Sociétés modernes, il s'efforce d'en imprégner les intelligences et de la faire passer dans la réalité.

Ainsi s'explique son action dans des voies parfois très diverses. Il faut, d'abord, que la nation soit en bonne santé physique: de là toute la floraison d'œuvres qui rayonnent autour de l' « Alliance d'hygiène sociale » dont il préside et conduit les travaux depuis plusieurs années. De là sa lutte contre le taudis, l'alcoolisme et la tuberculose; son rôle comme Président de la « commission permanente de préservation contre la tuberculose,» son action parlementaire dans le vote de la loi sur les habitations à bon marché, la limitation des heures de travail, etc.

Les mêmes lois qui sont indispensables pour améliorer les conditions générales d'existence le sont plus encore pour transformer les rapports du capital et du travail et créer entre eux l'harmonie économique. De là toute une action coordonnée, par les œuvres et par les lois, pour assurer la paix sociale.

Dans les conflits du capital et du travail, il préconise sans cesse la formule de l'arbitrage, à laquelle il donnera plus tard un si large retentissement dans le monde. Mais il ne suffit pas d'apaiser les conflits déjà nés, il faut les empêcher de naître : il s'acharne donc avec une obstination inlassable à combattre les fatalités sociales. La « Coopération » et la « mutualité » sont pour lui les instruments les plus parfaits pour mener cette lutte, et sur ce terrain l'État doit seconder et parfois devancer les initiatives privées. C'est ainsi qu'il a fondé en 1893 à la Chambre des Députés la « Commission d'assurance et de prévoyance sociale,» qu'il a pris la plus large part à l'élaboration des lois sociales : retraites ouvrières et paysannes, retraites des mineurs, et qu'il organise la lutte contre le chômage et contre les autres maux de la production moderne.

Après s'être ainsi occupé de la famille et de la nation, Léon Bourgeois a été logiquement conduit à porter ses regards au delà des frontières, car les nations, pas plus que les individus, ne peuvent vivre isolées. Elles sont interdépendantes d'une façon tous les jours plus sensible : mille liens les unissent et les maux de l'une se répercutent chez les autres. Les travailleurs, les commerçants, les financiers, les penseurs de toutes les parties du monde dépendent les un des autres ; c'est ce grand fait que Léon Bourgeois ne cesse d'avoir présent

à l'esprit; c'est lui qui lui dicte le mot où
aboutit et s'achève toute son œuvre, le mot
si profondément humain de « Société des
Nations. »

Il a été ainsi amené à exercer une action
internationale. Il a travaillé à rendre les
États conscients de la communauté de leurs
intérêts, du gaspillage de forces, d'existences et
d'argent qu'entraine la guerre, et de la nécessité de s'entendre pour leur bien commun.
Comme ministre des affaires étrangères, à
deux reprises, et surtout comme délégué de
la France aux deux premières Conférences de
La Haye, il s'est appliqué à faire pratiquer
dans la vie internationale cette solidarité des
nations à laquelle s'opposent tant d'égoïsmes,
de situations acquises, de préjugés enracinés.
C'est dans le présent livre qu'apparaîtra clairement, dans ce domaine de la vie internationale,
la continuité et la puissance de son effort.

A la première Conférence de La Haye (1899)
il apparaît comme le champion éloquent des
idées d'arbitrage, de paix, d'union, de respect
des nationalités, qui n'avaient jamais été
exprimées avec une telle force dans un congrès
mondial. Il y soulève l'enthousiasme et les
applaudissements quand il prononce les paroles
suivantes: « Dans les conflits de la force, quand
il s'agit de mettre en ligne des soldats de chair
et d'acier, il y a des grands et des petits, des
faibles et des forts. Quand dans les deux

plateaux de la balance il s'agit de jeter des épées, l'une peut être plus lourde et l'autre plus légère. Mais lorsqu'il s'agit d'y jeter des droits, l'inégalité cesse et les droits du plus petit et du plus faible pèsent dans la balance d'un poids égal aux droits des plus grands. » C'est une affirmation du principe que chaque membre de la Société des Nations doit être respecté à l'égal des autres comme chaque individu dans l'État.

De même, il fait voir que si le fardeau des charges militaires pouvait être allégé, « le bien-être matériel et moral de l'humanité s'accroîtrait d'une façon bien plus rapide ». Il ne veut pas s'arrêter à l'objection bien connue que la guerre est favorable à la santé des nations.

D'accord avec son collègue, d'Estournelles de Constant, il contribue en 1899, à faire instituer une cour permanente d'arbitrage, des commissions internationales d'enquête, toute une législation de la paix et de la guerre. Il reprend l'œuvre, à la seconde Conférence de La Haye en 1907. Il tâche de faire comprendre aux 44 nations assemblées qu'elles ont intérêt à supprimer les causes de conflit, à s'entendre, et que le moyen le plus efficace d'y parvenir est de généraliser la pratique de l'arbitrage.

A ce mouvement généreux pour l'organisation de la « Société des Nations » s'oppose la résistance de quelques grands États militaires:

fidèles aux formules du passé, ils ne peuvent ni ne veulent renoncer aux habitudes léguées depuis tant de siècles par la diplomatie de la force,—ils rejettent l'arbitrage obligatoire.

Néanmoins la cause est gagnée devant l'opinion. Le président de la Commission de l'arbitrage a la joie de pouvoir proclamer, avant la clôture de la Conférence, le vote favorable de 32 États parmi lesquels de grandes puissances telles que les États-Unis, la Grande-Bretagne, la Russie et, avec elles, toutes les nations à tendances libérales, toutes les républiques du Nouveau-Monde.

La lecture de ce livre montrera comment Léon Bourgeois est ainsi allé au cœur de la difficulté: sa campagne de quatre mois pour l'arbitrage obligatoire à la deuxième Conférence ne vise pas moins le problème des réformes sociales que celui de la paix internationale. Toutes les nations ont un égal besoin des réformes sociales et de la paix; leurs rivalités économiques et politiques élèvent ici et là les mêmes obstacles; une même méthode, seule, peut permettre d'en triompher. C'est à La Haye, en fin de compte, que, par l'entente des États, se fonderont à la fois la justice entre les individus et la justice entre les nations.

En attendant que naisse cet ordre nouveau, Léon Bourgeois, estimant qu'il ne faut pas se décourager, qu'il faut faire de la besogne quotidienne, travaille à créer, sur des terrains circonscrits, cette entente internationale qui n'a pas pu être réalisée d'un seul coup à La Haye. C'est ainsi qu'il s'est efforcé d'internationaliser les problèmes des assurances, des retraites ouvrières, du chômage, de la mutualité. Partant de cette idée qu'une amélioration sociale telle que la loi des 8 heures ne peut être généralisée sans une entente entre les pays producteurs; que, d'autre part, pour remédier à certains maux, comme le chômage ou la pénurie de main d'œuvre, il est nécessaire d'établir un accord et des échanges entre les divers pays, il s'est attaché à traiter au point de vue international toutes les questions qui l'avaient déjà occupé au point de vue intérieur. On verra, à la fin de ce volume la philosophie de cette action s'exprimer dans le discours qu'il a prononcé à Gand en septembre 1913.

Mais il est une chose que ce volume ne montrera pas: c'est à quel point la pensée qui l'a guidé a imprégné la personnalité même de Léon Bourgeois. Au seuil de ce domaine intime s'arrête l'analyse. Il faut laisser à ses amis le privilège de savoir quel résultat de générosité et de bonté peut produire une telle conception de la vie. Grâce à cet exemple, ils peuvent comprendre quels seraient les bienfaits de l'idée de solidarité si elle pénétrait davantage chacun de nous—et combien les rapports individuels, collectifs et internatio-

naux en seraient améliorés pour le plus grand
profit de tous.

Le Bureau Européen
de la Dotation Carnegie.

Léon Bourgeois, né à Paris le 29 mai 1851, docteur en
droit, préfet du Tarn et de la Haute garonne (1882-1884),
conseiller d'État, directeur des affaires départementales
au Ministère de l'Intérieur (1886), préfet de police (1887);
député de la Marne (1888-1905); sous-secrétaire d'État
à l'Intérieur (1888), ministre de l'Intérieur (1890), de l'Instruction publique (1890-1892), de la Justice (1893),
Président du Conseil (1895-1896), ministre des affaires
étrangères (1896), de nouveau ministre de l'Instruction
publique (1898), Président de la Chambre des Députés
(1902-1903).

Sénateur depuis 1905. Ministre des affaires étrangères
(1906). Ministre du Travail (1912-1913). Premier délégué de la France aux deux conférences de La Haye
(1899 et 1907); membre de la Cour permanente d'arbitrage international.

Léon Bourgeois est président de « L'Alliance française
d'hygiène sociale, » des associations internationales pour la
lutte contre la tuberculose et contre le chômage, et du
« comité permanent international des assurances sociales. »

Il a publié: « Solidarité » (1894), « L'Education de la
Démocratie» (1897), «Pour la Société des Nations»
(1910), «la Politique de la prévoyance et de l'hygiène
sociale » (1914).

Les Souverains et Chefs d'État des Puissances signataires, représentées à la deuxième Conférence de la Paix,

Animés de la ferme volonté de concourir au maintien de la paix générale;

Résolus à favoriser de tous leurs efforts le règlement amiable des conflits internationaux;

Reconnaissent LA SOLIDARITÉ QUI UNIT LES MEMBRES DE LA SOCIÉTÉ DES NATIONS CIVILISÉES.

Préambule de la Convention pour le règlement pacifique des conflits internationaux du 18 octobre 1907, signée par les 44 États suivants :

Allemagne.
Amérique (États-Unis d').
Argentine.
Autriche-Hongrie.
Belgique.
Bolivie.
Brésil.
Bulgarie.
Chili.
Chine.
Colombie.
Cuba.
Danemark.
Dominicaine (Rép.).
Équateur.

Espagne.
France.
Grande-Bretagne.
Grèce.
Guatémala.
Haïti.
Italie.
Japon.
Luxembourg.
Mexique.
Montenegro.
Nicaragua
Norvège.
Panama.
Paraguay.

Pays-Bas.
Pérou
Perse.
Portugal.
Roumanie.
Russie.
Salvador.
Serbie.
Siam.
Suède.
Suisse.
Turquie.
Uruguay.
Venezuela.

AVERTISSEMENT DE L'ÉDITEUR

Les « Conférences de la Paix » réunies à La Haye, en 1899 et 1907, sur l'initiative du Tsar, ont fait naître de grandes espérances et ont, en même temps, causé de grandes déceptions.

Ces sentiments contradictoires s'expliquent aisément : les termes du problème sont en effet mal connus de l'opinion, parce qu'ils n'ont pas été, dès le début, exactement posés devant elle.

Il ne s'agissait pas — comme le titre de ces Conférences a pu le donner à penser à certains esprits — d'établir une paix immédiate et universelle.

Plus modestement, mais avec un sens profond des réalités, les assemblées de La Haye ont d'abord cherché à multiplier et à resserrer les liens de droit entre les nations. Elles ont voulu définir les procédés diplomatiques, créer les institutions juridiques qui pourraient s'offrir utilement aux Puissances en conflit, se recommander à leur attention, puis à leur confiance, et, peu à peu, s'imposer à elles par l'autorité des services rendus.

Elles avaient su prévoir que le recours aux solutions juridiques des conflits internationaux deviendrait, de lui-même, *moralement obligatoire*, le jour où l'on constaterait que dans

certains cas graves, grâce aux institutions nouvelles, la guerre avait, en effet, été épargnée
au monde.

Ensuite, par le renouvellement des expériences heureuses, le recours à l'arbitrage
apparaîtrait bientôt à l'opinion comme une
nécessité de la raison. Et les conférences suivantes pourraient, peu à peu, transformer en
obligations contractuelles précises, et dûment
sanctionnées, les engagements purement moraux
ou même les simples recommandations inscrites
dans les premières conventions: c'est par la
méthode expérimentale que la Société pacifique
des Nations parviendrait ainsi à se constituer
définitivement.

Les événements n'ont-ils pas confirmé ces
prévisions?

M. Léon Bourgeois a parlé un jour des *rêveurs
de la paix* et des *hommes d'action de la paix*.
C'est l'idée à l'épreuve des faits, l'idée *en action*,
que l'on retrouvera à travers ces pages. On y
verra comment, après avoir gagné l'adhésion
d'esprits généreux, elle pénètre chaque jour
davantage l'opinion, et l'a conquise au point
de s'être imposée déjà dans certains cas aux
gouvernements eux-mêmes. Dans une période
de dix ans (1899-1909), les « Conventions de la
Paix » ont abouti à des résultats pratiques
considérables. Le règlement de l'incident de
Hull, entre l'Angleterre et la Russie, et celui

de l'affaire de Casablanca, entre l'Allemagne et la France, en sont les plus frappants exemples.

Il nous a paru intéressant, en présence de résultats si décisifs, de donner une vue générale du problème et de montrer, en même temps, le rôle que la France a joué pour en préparer les solutions. Pour atteindre ce double but, nous avons réuni dans le présent volume l'ensemble des discours et interventions de M. Léon Bourgeois, où l'on retrouvera — à travers l'action personnelle de celui qui a présidé la Commission de l'Arbitrage en 1899 et en 1907 — l'évolution de l'idée et le développement de ses applications.

INTRODUCTION

LES CONDITIONS DE LA PAIX

Le 31 mai 1909, à l'occasion du VIe Congrès national de la Paix, M. Léon Bourgeois prononça à Reims un discours dans lequel il montra quelles sont les conditions modernes de la Paix internationale et quels résultats ont déjà été obtenus par l'application des principes consacrés dans les Conférences de La Haye. Ce discours donne une vue d'ensemble des idées qui dominent et ordonnent la matière du présent volume:

MESSIEURS,

L'année qui vient de s'écouler a été fertile en événements internationaux qui ont suscité à la fois des espérances et des inquiétudes: dans ces conditions, on peut dire que jamais réunion ne fut mieux justifiée que la vôtre et je vous remercie de m'avoir appelé parmi vous pour collaborer aujourd'hui à votre œuvre de progrès.

LE MOUVEMENT EN FAVEUR DE LA PAIX

MESSIEURS,

L'appel du Comité organisateur de votre Congrès contenait le passage suivant: « La meilleure part de la tâche que doivent mener à bien ceux qui ont la charge de notre politique extérieure, c'est le développement de l'organisation juridique de la paix, de la constitution du droit international, l'extension de l'arbitrage et des méthodes juridiques qui la complètent. C'est par là que la France établira son influence et trouvera son avenir. » On ne peut mieux formuler les termes du problème qui nous préoccupe tous ici.

Nous assistons depuis un demi-siècle à un magnifique mouvement en faveur de la paix. Le sentiment de réprobation provoqué par les horreurs de la guerre s'est étendu à tous les pays civilisés sans exception. En Amérique, aussi bien qu'en Europe, d'innombrables sociétés de la paix ont été formées, et chaque jour leur vitalité s'affirme, leur influence s'augmente. Dans tous les pays, à l'exemple de notre admirable Frédéric Passy dont la propagande est si généreuse et si désintéressée, des apôtres se sont levés. De puissants concours matériels sont venus apporter à l'idée le moyen de se réaliser plus sûrement et plus vite. Mais Nobel et Carnegie n'ont pas seulement aidé notre cause par leurs dons magnifiques; représentants des civilisations les plus réalistes, ils ont prouvé par leur adhésion que le but poursuivi n'a rien de chimérique pour qui pense sainement.

Ainsi accru, enrichi, soutenu, le mouvement en faveur de la paix a pris une telle intensité qu'il s'est imposé à l'opinion universelle. Les gouvernements eux-mêmes ont été gagnés et entraînés. Dans une vue claire de l'avenir, le Tsar Nicolas II. a appelé officiellement tous les États civilisés à examiner la situation nouvelle. Et l'on a observé ce fait, sans précédent dans la vie internationale, de vingt-quatre nations réunies en de solennelles assises pour délibérer sur la limitation des armements et sur les moyens d'aborder pacifiquement la solution des conflits internationaux. Ces réunions, qui ont pris le nom de «Conférences de la Paix,» ont déjà eu lieu deux fois, en 1899 et 1907, et à cette dernière date quarante-quatre nations furent représentées. Une troisième convocation est officiellement prévue pour 1913 ou 1914.

Pourquoi donc un mouvement aussi puissant, aussi universel ne semble-t-il pas produire encore les résultats qu'on en espérait? Pourquoi la paix ne paraît-elle pas mieux assurée qu'il y a trente ans?

Pour le comprendre, il faut analyser ce que j'appellerai les *conditions de la paix*.

La Paix Fondée sur le Droit

Le sentiment ne suffit pas à fonder un ordre nouveau. Il faut encore la collaboration de la raison.

Trop longtemps, on s'était préoccupé du but sans se préoccuper des moyens.

On n'avait pas aperçu assez clairement que

dans la société des États, aussi bien que dans celle des individus, il n'y avait pas de paix durable sans organisation juridique. Pour avoir la paix matérielle, je l'ai dit bien souvent, il faut d'abord avoir réalisé la paix morale; — et il n'y a de paix morale que si les droits de chacun ne se sentent pas, et ne sont pas, réellement, menacés.

La paix peut être définie: « La durée du droit »; il n'y a de paix véritable que sous le règne du droit.

Mais il faut que les droits soient déterminés avant de pouvoir être garantis. La définition des droits des nations et l'organisation d'une juridiction destinée à les garantir sont donc les conditions essentielles de l'établissement et du maintien de la paix.

Je ne puis entrer ici dans l'examen des principes juridiques qui doivent régler le droit des peuples; mais les règles générales de ce droit découlent de quelques grandes idées morales qui sont accessibles, immédiatement, à la conscience universelle.

Prenons un exemple et examinons-le un instant d'un point de vue tout à fait théorique, sans toucher aux délicates questions diplomatiques qu'il pourrait soulever.

L'opinion publique s'est félicitée de voir la paix maintenue dans les Balkans, malgré les plus graves difficultés. Et cependant un malaise subsiste. Il semble que si, matériellement, la guerre a pu être évitée, les causes qui la faisaient craindre n'ont pas entièrement disparu et pourraient provoquer dans l'avenir un renouvellement d'inquiétudes.

Tous les droits ont-ils été respectés? Si l'un d'eux a été méconnu, une réparation suffisante a-t-elle été accordée?

Le malaise dont je parle répond malheureusement d'une façon trop claire à cette question.

En premier lieu, une convention internationale qui portait les signatures des représentants des principaux États de l'Europe a subi une atteinte de la part de l'un d'eux. Tous les autres s'efforcèrent aussitôt, par des arrangements particuliers, de reconstituer un ordre international nouveau pour rendre une base juridique à l'équilibre instable que la force seule venait d'établir.

Il n'y avait là qu'une illusion.

On avait, tout d'abord, songé à réunir en une Conférence internationale les représentants des puissances intéressées, puis on y renonça. On aperçut bien vite l'écueil où l'on courait: était-il possible de demander aux Puissances une signature nouvelle quand une Convention qu'elles avaient solennellement souscrite venait de révéler sa fragilité?

L'opinion publique européenne ne se rendait-elle pas compte également, d'une façon obscure, mais pressante, que certains intéressés méritaient d'être consultés? Le monde civilisé n'admet plus que les destinées des hommes, qu'ils soient réunis ou isolés, puissent dépendre de la volonté d'autrui. Et, autant que le sentiment du respect dû à la signature des traités, celui du respect dû au droit des peuples s'emparait d'une façon imprécise, mais certaine, de la conscience européenne.

Or, ce droit des peuples, personne n'a osé le revendiquer dans les derniers événements, et cette omission cause la faiblesse initiale de toute l'entreprise diplomatique des six mois qui viennent de s'écouler.

Dans le demi-siècle précédent, deux exemples ont eu lieu de modification de frontières entre de grands États européens:

Après la guerre de 1859, la Lombardie a été attribuée à l'Italie, Nice et la Savoie à la France. Pour ces dernières provinces les populations ont été consultées: un plébiscite a eu lieu. Pour la Lombardie le plébiscite était inutile, car le désir de ses habitants était notoirement connu. Ces modifications territoriales apparaissent donc comme un exemple parfait d'une décision internationale ayant le droit pour base: de là son exceptionnelle solidité et l'absence complète de difficultés et d'inquiétudes au sujet de ces arrangements.

Je n'ai pas besoin de rappeler, au contraire, une autre annexion qui a été prononcée — nul ne l'a contesté et ne le conteste encore — malgré le sentiment des populations annexées. Les conséquences de cet état de choses, vous les connaissez: non seulement les souffrances des populations elles-mêmes, mais une longue hostilité entre deux grands États, la crainte permanente d'une guerre entre eux, et, par suite, le malaise général de l'Europe tout entière.

On peut dire que tous les arrangements diplomatiques européens, dans la période contemporaine, ont été déterminés ou influencés par ce malaise de l'Europe: la constitution de la Triple Alliance, l'Alliance Franco-Russe, la Triple Entente, n'ont pas eu, si on les regarde de près, d'autre origine et leur maintien n'a pas d'autre cause.

Je ne veux pas, en appréciant les événements de cette année 1909, prononcer une parole qui soit blessante pour un État quelconque, en particulier pour ceux avec lesquels nous n'avons cessé d'être dans les relations les meilleures, mais n'a-t-on pas le droit de se demander s'il était sage de créer sur un nouveau point de l'Europe un foyer semblable d'inquiétude et de division?

LES DEUX DIPLOMATIES

À vrai dire, nous assistons depuis un demi-siècle à l'œuvre de deux forces qui agissent simultanément, mais en sens contraire, sur les gouvernements et les peuples européens.

Gouvernements et peuples affirment également que leur but est de maintenir la paix : mais il est vers ce but deux routes bien différentes.

D'une part, la politique des cabinets continue, comme au temps des traités de Westphalie, d'Utrecht et de Vienne, à chercher les garanties de la paix — de cette paix dont chacun affirme le désir — dans l'équilibre des forces, dans ce qu'il est d'usage d'appeler l'équilibre européen.

La diplomatie qui s'inspire de cette politique affecte de se qualifier de «réaliste,» elle se garde de s'appuyer sur les principes du droit. Lorsqu'un État, pour une raison quelconque, cherche à étendre ses frontières ou redoute l'expansion d'un voisin, sa diplomatie se met en marche sans se préoccuper de donner satisfaction aux véritables exigences du droit. Et l'on peut dire que dans les entreprises où rivalisent les « diplomates de la force » les traités eux-mêmes ne pèsent pas d'un poids plus lourd que le respect dû aux droits de l'homme ou des groupements d'hommes.

Toutes ces combinaisons diplomatiques, tous ces efforts faits pour assurer l'équilibre des forces antagonistes, au lieu d'accroître la sécurité des esprits, ne parviennent, chose saisissante, qu'à augmenter leur inquiétude. Après la réussite de chacune des entreprises de la diplomatie de la force, on s'écrie: la paix est assurée ! Et l'on se félicite, comme aujourd'hui après la liquidation de l'affaire des Balkans, d'avoir, sans tirer l'épée, assuré la tranquillité du monde.

Mais qui ne voit qu'un pareil état de choses est essentiellement précaire, qu'il ne peut durer sans accroître indéfiniment le danger d'une guerre qui serait d'autant plus formidable qu'elle entraînerait, le moment venu, l'ensemble des États?

On se rend compte, en effet, que dans une Europe où se mêlent des combinaisons aussi multiples, un conflit ne pourrait être localisé et que, par le jeu des alliances, des ententes, des traités publics ou secrets, l'incendie allumé sur un point du continent risquerait d'aboutir à une conflagration générale compromettant la civilisation tout entière. La preuve de ce danger permanent n'est-elle pas dans la lutte incessante pour l'accroissement des armements sur terre et sur mer, lutte que chaque année révèle plus aiguë? Chacun des États ne manifeste-t-il pas, en s'imposant chaque jour des sacrifices plus considérables, qu'il n'a aucune confiance dans la solidité de cette diplomatie de l'équilibre?

L'opinion ne voit-elle pas qu'il y a là comme un vaste échafaudage sans fondations profondes et que, si l'un seulement des étais dont on soutient artificiellement sa faiblesse, venait à manquer, ce serait tout l'édifice de la civilisation qui risquerait de s'écrouler?

En face de la *diplomatie de la force* s'affirme, d'autre part, et s'affirmera de plus en plus la *diplomatie du droit*. C'est là une autre méthode qui, parallèlement à la précédente, ne cesse de produire ses effets. Ses principes peuvent se résumer dans une formule simple, que j'ai déjà employée ailleurs, en définissant les conditions de la paix intérieure des États, les conditions de la paix sociale. Cette formule s'applique aussi exactement à l'ordre international: « Pas d'harmonie sans l'ordre, pas d'ordre sans la paix, pas de paix sans la liberté, pas de liberté sans la justice. »

C'est la fragilité même des combinaisons de la force qui a donné naissance à la diplomatie nouvelle; c'est elle qui a pour ainsi dire imposé aux esprits clairvoyants la méthode qui tend à donner une base de droit aux conditions d'existence de chacune des nations et par conséquent aux conditions de la paix internationale.

En multipliant les institutions juridiques, en définissant les droits et les devoirs des peuples dans un état de civilisation véritable, en précisant au besoin ces droits et ces devoirs sur certaines questions comme celle de la guerre sur mer, ces autres diplomates, qui sont les jurisconsultes internationaux, se sont, en effet, proposé de donner à l'équilibre du monde la seule base durable que connaisse la conscience et que puisse respecter l'humanité: *le Droit*.

C'est cette diplomatie du droit qui s'est fait connaître au monde dans les deux Conférences de la Paix, auxquelles je m'honore d'avoir passionnément collaboré et qui m'ont laissé les souvenirs les meilleurs de ma vie.

Ah! les débuts furent difficiles, tous les scepticismes s'unissaient pour nous accabler. Le paysan sème dans le vent, et la neige recouvre son sillon, mais il est sûr que le printemps viendra.

En se servant des instruments juridiques forgés par la Conférence de La Haye, la diplomatie du droit nous a donné cette année même deux réalités précieuses qui forment une heureuse compensation à l'affaire des Balkans.

Ce fut un événement d'une haute portée que la réunion à Londres de la Conférence sur les prises maritimes et il n'est pas besoin de signaler toute l'importance de la sentence arbitrale rendue à La Haye au sujet de l'incident des déserteurs de Casablanca.

La Conférence Navale de Londres

Voici d'abord la Conférence de Londres, réunie du 4 décembre 1908 au 26 février 1909: elle a rendu possible le fonctionnement de la Cour internationale des Prises, créée en 1907 par la seconde Conférence de La Haye.

Qu'on ne s'y trompe pas, la création d'une

telle Cour, juridiction supérieure aux juridictions nationales, armée du pouvoir souverain
de réformer les décisions des tribunaux d'État
en matière de prises, c'est là un fait aussi
considérable pour l'Europe que pût l'être pour
la Grèce l'établissement des Amphyctionies.

S'il y avait une notion qui semblât intangible à la diplomatie, c'était celle de la souveraineté absolue des États.

Or, cette souveraineté prenait, ici, à la lumière du droit, une physionomie nouvelle. Elle
n'était plus absolue, mais seulement relative.
Il n'y avait plus de principe qui fût au-dessus
de la justice.

Toute une catégorie de litiges entre les
nations allait être soumise aux décisions d'une
juridiction placée au-dessus des souverainetés,
juridiction internationale, permanente, obligatoire.

Cependant les sceptiques n'avaient point dé-
sarmé. Le principe d'une telle juridiction était
admis, mais son existence était-elle possible ?

Comment, disait-on, jugera-t-elle, cette
Cour des Prises ? Elle n'a pas de code entre les
mains. Les États sont divisés sur les principes
mêmes du droit maritime. Certaines puissances continentales et certaines puissances
navales ont, en cette matière, des doctrines
opposées, irréductibles. Comment pourrait-on,
de tant d'éléments inconciliables, faire sortir
une jurisprudence commune ?

Messieurs, il y a sans doute dans le sentiment du droit une force incalculable. Une
bonne volonté réciproque se dégagea des tendances contraires. Quelques-unes parmi les
plus grandes nations se mirent à l'œuvre pour
chercher les bases d'une législation uniforme:
la Conférence spéciale convoquée à Londres
pour cet examen y réunit les représentants des
dix principaux États maritimes. Après trois
mois d'efforts communs, les derniers obstacles
étaient supprimés, une convention — signée
le 26 février 1909 par l'Allemagne, les États-
Unis d'Amérique, l'Autriche-Hongrie, l'Espagne, la France, la Grande-Bretagne, l'Italie,
le Japon, les Pays-Bas et la Russie et que les
autres États accepteront certainement — a for-
mulé les règles du Code universel des Prises.
Le tribunal international souverain est maintenant assuré de vivre. Un tel accord, inespéré
il y a quelques mois à peine, marque une des
premières, mais des plus belles victoires de la
diplomatie du droit.

L'ARBITRAGE DE CASABLANCA

L'autre grand événement de ces derniers
mois, c'est l'arbitrage de Casablanca.

La seconde Conférence de La Haye n'avait
pu faire aboutir l'obligation de l'arbitrage.
Trente-deux puissances qui s'étaient montrées

favorables à l'adoption de ce principe n'avaient pu imposer leur manière de voir à une minorité de cinq États qui avaient maintenu leur opposition et l'arbitrage obligatoire n'avait été admis, en fait, que dans deux cas: celui des Dettes contractuelles et celui des Prises maritimes. Toutes les questions touchant *à l'honneur et aux intérêts vitaux des États* restaient, de l'avis unanime, en dehors de sa sphère.

Mais voici que les faits ont été plus forts que toutes les résistances. L'incident de Casablanca arrive. Et qui a recours à l'arbitrage? Précisément la France et l'Allemagne, précisément celle des puissances qui avait proposé et celle qui avait combattu l'obligation de l'arbitrage.

Et cependant, ce qui était en jeu, n'était-ce pas une question où se trouvaient engagés *l'honneur et les intérêts vitaux des deux pays?* Il s'agissait de juger la conduite de soldats et d'officiers vis-à-vis d'agents consulaires qui prétendaient que leur caractère n'avait pas été respecté. Il s'agissait de ce Maroc où nous avions des intérêts politiques précis à défendre, où tant de rivalités nationales se rencontraient et luttaient les unes contre les autres. En un mot les difficultés étaient, à tous égards, de nature à faire éclater entre deux grandes puissances un conflit armé. Eh bien! à l'opinion allemande comme à l'opinion française l'arbitrage s'est imposé. Un jour n'était-il pas venu où les seigneurs avaient accepté de confier au Tribunal des Maréchaux les questions d'honneur? Les États pouvaient imiter ces grands seigneurs.

La sentence rendue est un si parfait modèle de vérité et de justesse que les diplomates, en signant ces jours-ci le procès-verbal des regrets réciproques, ne purent que reproduire les considérants de cette décision arbitrale.

Ainsi, la diplomatie du droit grandit et gagne tout le terrain que perd la diplomatie de la force.

C'est que *les idées sont aussi des faits*, ou, comme on l'a dit, *des forces*. On parle de politique réaliste: c'est un réalisme incomplet, aveugle, que celui qui ne tient pas compte des idées dans l'estimation des faits apparents et dans le calcul des forces agissantes.

Le Respect de la Vie Humaine et la Solidarité des Nations

L'opinion publique agit chaque jour plus puissamment sur la direction des affaires générales et cette opinion est de plus en plus dirigée elle-même par deux forces croissantes: l'une d'ordre moral, le respect toujours plus grand de la vie et de la personne humaines; l'autre d'ordre matériel, le resserrement toujours plus étroit de la solidarité économique des nations. Ces deux forces tendent au même but: le respect du droit et le maintien de la paix.

Permettez-moi de rappeler à ce sujet les paroles que je prononçais, en 1908, à l'École des Sciences politiques:

« Il y a, disais-je, dès maintenant, dans l'ordre économique, une vie internationale d'une intensité singulière.

« Les intérêts industriels, agricoles, commerciaux, financiers des divers pays se pénètrent tellement, leur réseau resserre tellement ses mailles qu'il existe, en fait, une communauté économique universelle. Mais, cette communauté n'est point constituée suivant les règles du droit; c'est un marché qui obéit aux seules lois de la concurrence, où la chance, l'audace, la force sont les conditions du succès. Est-il possible de s'élever de cette communauté de fait à une communauté d'un ordre supérieur, de constituer entre les nations qui la composent un ensemble de liens de droit qu'elles acceptent également et qui forment entre elles une société véritable? Et si cet état de droit parvient à s'établir et à durer entre les nations, ne sera-ce pas, par là même, l'établissement d'un état de paix, — et de paix réelle et profonde, de paix *vraie*, puisque, nous l'avons dit bien souvent, et nous ne cesserons de le redire, la paix sans le droit n'est pas, ne peut jamais être vraiment la paix! »

Messieurs, c'est cette paix fondée sur le droit

que votre Congrès — son titre même le pro-
clame — entend préparer par sa propagande,
assurer par son action.

C'est celle à laquelle a travaillé heureusement, depuis dix années surtout, cette *diplomatie* — que j'ai appelée *la diplomatie du droit*
pour l'opposer à la *diplomatie de la force* —
à laquelle sont dus: l'institution de l'arbitrage
obligatoire pour les dettes contractuelles ; [1]
la constitution définitive d'une juridiction internationale obligatoire en matière de guerre
maritime; enfin l'arbitrage de Casablanca.

L'IDÉE DE PATRIE

Messieurs, c'est à cette cause de la paix par le
droit que je travaille pour ma part en pleine
conscience, certain que cette œuvre n'a rien
de commun avec celle des négateurs et des
détracteurs de l'idée de Patrie.

L'idée de l'indépendance et de la dignité de
la patrie est, à mes yeux, aussi sacrée que celle
de l'indépendance et de la dignité de la personne
humaine. Elles naissent aux mêmes profon-
deurs de la conscience et de la raison. Elles
ont le même fondement moral, elles se sont
développées ensemble dans l'histoire. Elles
périraient en même temps.

En établissant entre les citoyens le lien des

droits égaux et des devoirs mutuels, la Déclaration des Droits de l'homme a-t-elle entendu diminuer les forces de la personne humaine? Elle l'a bien au contraire garantie, agrandie, ennoblie, exaltée.

En établissant entre les personnes morales que sont les États civilisés — c'est-à-dire entre *les patries* les rapports nécessaires du droit, en créant entre elles ce que nous avons souvent appelé « la société des nations,» on fait pour elles ce que 1789 a fait pour les individus: on les garantit, on les ennoblit, on les exalte. En définissant entre elles les droits égaux et les devoirs réciproques, on crée pour elles la plus haute des indépendances, celle qui ne connaît qu'une loi commune, celle de la conscience commune. Et l'on fonde sur la seule justice, la seule Paix qui soit assurée.

Est-il une cause plus belle et plus digne, en particulier, de notre patrie à nous, de cette France — contre qui ne prévaudront pas les doctrines de violences, de négation et de barbarie — de celle qui a si souvent été dans l'Histoire et qui saura rester dans l'avenir la gardienne de la liberté et le soldat du Droit?

PREMIÈRE PARTIE

LES CONFÉRENCES DE LA PAIX
DE 1899 ET DE 1907

I

LA LIMITATION DES ARME-
MENTS

I

EN 1899

Le programme de la première Conférence de la Paix, contenu dans la circulaire du comte Mouravieff du 30 décembre 1898, plaçait au premier plan l'étude des moyens propres « à mettre un terme à l'accroissement progressif des armements de terre et de mer. »

La discussion de ce problème montra rapidement qu'on se heurtait à une double difficulté. En premier lieu, certaines Puissances semblaient opposées en principe à toute solution et le représentant technique de l'Allemagne résumait en ces termes cet état d'esprit: « Le peuple allemand n'est pas écrasé sous le poids des charges et des impôts . . .; quant au service militaire, l'Allemand ne le regarde pas comme un fardeau pesant, mais comme un devoir sacré . . .» En second lieu, les Comités, chargés par la Conférence d'examiner la question, reconnurent « qu'il serait très difficile de fixer le chiffre des effectifs sans régler en même temps d'autres éléments de la défense nationale et qu'il serait non moins difficile de régler, par une Convention internationale, les éléments de cette défense. »

L'initiative du Tsar risquait donc de rencontrer sur ce point un échec complet malgré la popularité dont elle avait joui. M. le Baron de Bildt, délégué de Suède et Norvège, s'étant fait le porte-parole éloquent des regrets que cet échec suscitait, M. Léon Bourgeois vit dans ce discours une occasion de dégager le sentiment commun des délégués et de constater leur accord de principe avec la pensée qui avait inspiré le programme russe. Il s'exprima dans ces termes : [1]

J'ai été très heureux d'entendre les paroles éloquentes que vient de prononcer M. le Baron de Bildt. Elles répondent non seulement à mon sentiment personnel et au sentiment de mes collègues de la Délégation française, mais, j'en suis sûr, au sentiment unanime des membres de la Conférence.

Je m'associe donc, Messieurs, à l'appel que M. le Délégué de Suède et de Norvège vient de vous adresser. Je crois même que pour manifester plus complètement encore la pensée qui l'a inspiré, la Commission a quelque chose de plus à faire.

J'ai lu attentivement le texte des conclusions adoptées par le Comité technique. Ce texte indique avec beaucoup de précision et de force les difficultés qui s'opposent actuellement à la conclusion d'une convention internationale pour la limitation des effectifs. L'examen de ces difficultés pratiques était bien exactement l'objet du mandat du Comité technique et nul

[1] Pour ces différentes interventions, voir les « Actes et Documents » de la première et de la deuxième Conférence de la Paix, publiés par le Gouvernement des Pays-Bas (La Haye, Imprimerie nationale, 1899 et 1907).

ne songe à critiquer les termes dans lesquels il s'est acquitté de ce mandat déterminé.

Mais la Commission a le devoir de considérer d'un point de vue plus général et plus élevé le problème posé par le premier paragraphe de la circulaire du comte Mouravieff. Elle ne veut certainement pas se désintéresser de la question de principe posée devant le monde civilisé par l'initiative généreuse de Sa Majesté l'Empereur de Russie. Et il me paraît nécessaire qu'une résolution complémentaire soit adoptée par nous pour manifester plus nettement le sentiment qui animait le précédent orateur et qui doit nous faire souhaiter à tous que l'œuvre entreprise ne soit pas abandonnée.

Cette question de principe se résume en termes fort simples : la limitation des charges militaires qui pèsent sur le monde est-elle désirable ?

J'ai écouté très attentivement dans la séance dernière le remarquable discours de M. le colonel de Gross de Schwarzhoff. Il a présenté avec la plus grande force les objections techniques qui, selon lui, devaient empêcher la Commission d'adopter les propositions de M. le colonel Gilinsky. Il ne m'a pas semblé toutefois qu'il contestât en elles-mêmes les idées générales au nom desquelles nous sommes réunis ici. Il a montré que l'Allemagne supportait facilement les charges de son organisation militaire et rappelé qu'elle avait pu poursuivre néanmoins un développement économique considérable.

J'appartiens à un pays qui supporte aussi allègrement les obligations personnelles et financières que le service de la défense nationale impose à ses citoyens et nous avons l'espoir de montrer l'an prochain au monde [1] qu'elles n'ont point ralenti l'activité de notre production, ni entravé l'accroissement de notre prospérité économique. Mais M. le colonel de Gross de Schwarzhoff reconnaîtra certainement avec moi que, pour son pays comme pour le mien, si les ressources considérables qui sont consacrées à l'organisation militaire étaient en partie mises au service de l'activité pacifique et productrice, l'ensemble de la prospérité de chaque nation ne cesserait de s'accroître suivant un mouvement beaucoup plus rapide.

C'est cette idée qu'il importe non seulement d'exprimer ici entre nous, mais, s'il est possible, de manifester devant l'opinion.

C'est pourquoi, si j'avais à exprimer un vote sur la question posée par le paragraphe premier de la proposition du colonel Gilinsky, je n'hésiterais pas à me prononcer dans le sens de l'affirmative.

Au reste, nous n'avons peut-être pas ici le droit de considérer seulement comment notre

[1] M. Léon Bourgeois fait allusion à l'Exposition universelle de 1900.

pays en particulier supporte les charges de la
paix armée. Notre tâche est plus haute: c'est
l'ensemble de la situation des nations que nous
sommes appelés à examiner.

En d'autres termes, nous n'avons pas seulement à émettre des votes particuliers répondant à notre situation spéciale. S'il est une
idée générale qui puisse servir au bien commun,
nous devons essayer de la dégager. Notre but
n'est pas de nous former en majorité et minorité; il faut, non mettre en lumière ce qui
peut nous séparer, mais nous attacher à ce
qui peut nous réunir.

Si nous délibérons dans cet esprit, nous
trouverons, je l'espère, une formule d'ensemble qui, réservant les difficultés que nous
connaissons tous, exprime du moins cette
pensée que la limitation des armements serait
un bienfait pour l'humanité et donne aux Gouvernements l'appui moral nécessaire pour leur
permettre de poursuivre ce noble objet.

Messieurs, le but de la civilisation nous
paraît être de mettre de plus en plus, au-dessus
de la lutte pour la vie entre les hommes,
l'accord entre eux pour la lutte contre les
cruelles servitudes de la matière. C'est la
même pensée que l'initiative du Tsar nous
propose d'affirmer pour les rapports entre les
nations.

Si c'est une nécessité douloureuse d'être
obligés de renoncer actuellement à une entente

positive et immédiate sur cette proposition, nous devons essayer de prouver à l'opinion publique que nous avons du moins sincèrement examiné le problème posé devant nous. Nous n'aurons pas travaillé en vain si, en en formulant les termes généraux, nous indiquons le but vers lequel nous désirons unanimement, je l'espère, voir marcher l'ensemble des peuples civilisés.

A la suite de ce discours, le Président de la Conférence demanda à M. Léon Bourgeois de vouloir bien formuler par écrit et soumettre au vote le vœu qu'il venait d'exprimer.

M. Léon Bourgeois proposa le texte suivant qui fut adopté sans opposition :

« La Commission estime que la limitation des charges militaires, qui pèsent actuellement sur le monde, est grandement désirable pour l'accroissement du bien-être matériel et moral de l'humanité. »

2

EN 1907

Le premier délégué anglais, Sir Edward Fry, exprima les vues du Gouvernement britannique au sujet de la limitation des armements. Il fit notamment la déclaration suivante:

Le Gouvernement de la Grande-Bretagne serait prêt à communiquer annuellement, aux Puissances qui en agiraient de même, le projet de construction de nouveaux bâtiments de guerre et les dépenses que ce projet entraînerait. Cet échange de renseignements faciliterait un échange de vues entre les Gouvernements sur les réductions que, de commun accord, on pourrait effectuer.

Enfin, Sir Edward Fry proposa l'adoption de la résolution suivante:

La Conférence confirme la résolution adoptée par la Conférence de 1899 à l'égard de la limitation des charges militaires; et, vu que les charges militaires se sont considérablement accrues dans presque tous les pays depuis ladite année, la Conférence déclare qu'il est hautement désirable de voir les Gouvernements reprendre l'étude sérieuse de cette question.

M. Léon Bourgeois approuva en ces termes cette proposition qui fut ensuite adoptée à l'unanimité:

Au nom de la Délégation française, je déclare appuyer expressément la propostion formulée par Sir Edward Fry et soutenue par nos collègues des États-Unis d'Amérique.

Il sera peut-être permis au premier Délégué de la République Française, se souvenant qu'il

a été, en 1899, le promoteur du vœu de la première Conférence, d'exprimer cette confiance
que, d'ici au prochain Congrès de la Paix, sera
poursuivie résolument l'étude à laquelle la
Conférence invite les Gouvernements au nom
de l'humanité.

L'ARBITRAGE ET LA JURIDICTION INTERNATIONALE

I

L'ARBITRAGE

A.—LA COMMISSION DE L'ARBITRAGE EN 1899

Le programme russe de la Conférence de 1899 n'avait placé qu'au second rang l'étude « des moyens pacifiques dont peut disposer la diplomatie internationale pour prévenir les conflits armés. »

Par la force des choses, cette partie du programme prit un développement exceptionnel, tandis que la limitation des armements, objet principal de la réunion, était ajournée quant à sa réalisation.

En conséquence, la troisième Commission de la Conférence, qui eut à s'occuper de l'Arbitrage, élabora « la Convention pour le règlement des conflits » avec laquelle s'identifie maintenant la pensée même des Conférences de La Haye.

M. Léon Bourgeois, ayant été nommé Président de cette Commission, lui proposa, au début de la séance du 26 mai, dans les termes suivants, le plan de travail qui fut adopté.

Il convient premièrement, dit-il, d'examiner le principe général qui nous rassemble.

Sommes-nous d'accord pour tenter, suivant l'expression de M. Descamps, d'établir de préférence par le droit et de régler, en cas de différend, par la justice les rapports entre les nations? En d'autres termes, doit-on recourir de préférence aux moyens pacifiques plutôt qu'à la force pour régler les differends entre les nations?

Si nous sommes d'accord sur ce principe général, nous aurons à rechercher quels sont les moyens de parvenir à ce résultat.

A défaut de l'œuvre journalière de la diplomatie, qui peut assurer l'amiable accord *direct*, nous rechercherons les modalités de l'amiable accord *indirect*, par la médiation. Ceci pourrait constituer le premier chapitre de nos discussions.

En dehors de la médiation et par des voies toujours pacifiques, mais cette fois décisives, nous aurons à examiner la procédure de l'arbitrage.

Dans l'hypothèse du recours à l'arbitrage, nous devrons établir les cas dans lesquels ce recours est *possible*, et en fixer l'énumération.

Nous nous demanderons ensuite s'il est des cas où les nations pourront admettre à l'avance que ce recours sera *obligatoire*.

Il sera nécessaire ensuite d'établir une *procédure d'arbitrage* acceptée par tous; sur tous ces points, nous pourrons prendre pour guide le projet russe, qui vient d'être distribué.

L'énumération des cas où l'arbitrage est conventionnellement *obligatoire* ou *facultatif* étant établie, et la *procédure* étant fixée, quels seront les moyens à employer pour en généraliser la pratique ?

Y aura-t-il lieu de procéder de préférence par l'extension du système des traités *d'arbitrage permanent,* par l'introduction de la clause compromissoire dans les actes internationaux ?

Ou, au contraire, y aura-t-il lieu d'établir d'une manière permanente une *institution internationale* à laquelle un mandat serait donné :

1° Soit à titre d'organe simplement intermédiaire, agissant pour rappeler aux parties l'existence des conventions, l'application possible de l'arbitrage et s'offrant à mettre en mouvement la procédure ;

2° Soit à titre d'institution de conciliation préalable à toute discussion juridique ;

3° Soit enfin à titre de juridiction sous la forme d'un tribunal international ?

Si la Commission approuve cet exposé, l'ordre de nos discussions s'en trouvera facilité.

B. — DISCOURS D'OUVERTURE
DES TRAVAUX DE LA COMMISSION
D'ARBITRAGE EN 1907

De 1899 à 1907, la « Convention pour le règlement pacifique des conflits internationaux » a fait ses preuves : elle a permis de régler, par des arbitrages de la Cour permanente de La Haye, quatre conflits entre des grandes Puissances, ainsi que l'incident de Hull qui opposa l'Angleterre à la Russie pendant la guerre russo-japonaise.

En 1907, il y avait lieu de reviser et d'améliorer cette convention pour en faire un instrument plus efficace encore. C'est dans ce but que la première Commission, présidée par M. Léon Bourgeois, se livra à une étude approfondie de l'arbitrage, des juridictions internationales et des questions connexes. Le Président en ouvrit les travaux en ces termes :

MESSIEURS,

C'est avec une émotion profonde que je reprends, après huit années écoulées, la présidence de cette Commission « de l'arbitrage » aux travaux de laquelle est due la convention du 29 juillet 1899 pour le règlement pacifique des conflits internationaux — la première des trois conventions inscrites dans l'acte final de la première Conférence de la Paix.

Plusieurs — et parmi les plus éminents — des collaborateurs de notre œuvre de 1899 ne sont malheureusement plus ici pour la poursuivre avec nous : la mort nous a enlevé

l'éminent Président de la première Conférence
M. de Staal, Sir Julian Pauncefote, l'un des
initiateurs de la création de la Cour permanente, M. Holls auquel revient une si grande
part dans l'institution des commissions d'enquête internationales.

Messieurs, en adressant à leur mémoire un
salut respectueux et reconnaissant, je répon-
drai certainement à votre intention à tous. Et
vous vous associerez également au souvenir
de gratitude que je dois à ceux des membres
du comité d'examen de la convention d'arbitrage qui comme M. le Comte Nigra, M. Odier,
et notre excellent rapporteur, M. le Baron
Decamps, sont pour des causes diverses rete-
nus loin de nous.

En rappelant aujourd'hui les noms de tous
ces bons ouvriers de la première heure, je
réponds, j'en suis sûr, à la pensée de ceux de
leurs collaborateurs d'autrefois — nos excellents collègues du comité de 1899 — MM. de
Martens, Asser, Lammasch, Zorn, d'Estournelles de Constant, que j'aperçois au milieu de
nous, — dont la Conférence nouvelle va
retrouver l'expérience et le dévouement, — et
dont la bonne volonté, l'esprit d'entente et
d'harmonie réciproque, tant de fois et si heureusement éprouvés au cours de nos délibérations de 1899, aideront puissamment cette
année encore au succès de nos travaux.

Messieurs, jusqu'en 1899, les conflits internationaux ne trouvaient qu'accidentellement leur solution par les voies du droit. En reconnaissant « la solidarité qui unit les membres de la société des nations civilisées, » en inscrivant dans l'article 27 le *devoir* pour les puissances signataires, « dans le cas où un conflit aigu menacerait d'éclater entre deux ou plusieurs d'entre elles, de rappeler à celles-ci que la Cour permanente leur est ouverte, » la convention du 29 juillet 1899 a fait du règlement pacifique des conflits internationaux le but nécessaire et comme le premier objet de cette « société des nations. »

Aux termes de l'article Ier, les puissances conviennent d'employer tous leurs efforts pour assurer le règlement pacifique des différends. Aux termes de l'article 16, elles recommandent l'arbitrage « comme le moyen le plus efficace et en même temps le plus équitable de régler les litiges qui n'ont pas été résolus par la voie diplomatique. »

En réunissant au bas de la convention de 1899 les signatures de 17 nations nouvelles le protocole tout récent du 14 juin 1907 constitue, on peut le dire, la consécration universelle et définitive de ces principes par le monde civilisé.

Mais la Conférence de 1899 a fait plus que poser le principe du recours au droit ; elle s'est efforcée de le faciliter.

Tout d'abord, elle rappelle ou propose aux États les divers moyens propres à résoudre pacifiquement leurs différends : *la conciliation* par esprit de solidarité et par voie de médiation ou de bons offices, *l'enquête, l'arbitrage*.

En second lieu, prévoyant l'application pratique de ces moyens, la convention en organise le fonctionnement.

Elle constitue, sous le nom de *Cour permanente d'arbitrage*, un corps d'arbitres, officiellement désignés par leurs gouvernements comme particulièrement capables et dignes d'en remplir éventuellement les fonctions, et parmi lesquels peut s'exercer ce droit de choisir ses juges, qui est de l'essence même de la justice arbitrale.

En troisième lieu, la convention de 1899 offre aux États en litige un certain nombre de règles de procédure facultatives, mais qu'on sait avoir été soigneusement étudiées non seulement au point de vue théorique du droit, mais aussi au point de vue pratique et diplomatique, — qu'on sait avoir été agréées non seulement par des jurisconsultes, mais par la grande majorité et aujourd'hui par l'unanimité des États, — et qui se présentent ainsi avec la consécration officielle résultant de leur insertion dans une convention dûment ratifiée.

Quiconque a été mêlé à un arbitrage entre nations sait les incidents qui, peu importants en apparence, risquent cependant, sinon d'ar-

rêter, tout au moins de retarder le cours de la
justice arbitrale. Les dispositions de la convention de 1899, en garantissant le caractère
contradictoire de la procédure, l'impartialité
des débats, le bon ordre des discussions et la
loyauté des preuves, permettent aux Parties
de résoudre facilement ces difficultés. Les
règles de procédure de 1899 ne sont applicables qu'à ceux qui volontairement s'y sou-
mettent. Quel meilleur éloge pourrait-on en
faire que de constater l'heureuse disposition
des plaideurs à en demander l'application?

Enfin la convention offre à l'institution de
l'arbitrage un siège accepté de tous et une installation qui permet à la juridiction internationale l'accomplissement de sa mission, en
attendant l'inauguration du Palais dont nous
verrons incessamment poser la première pierre,
palais dû à la générosité de M. Andrew Carnegie, à qui je tiens à exprimer, Messieurs,
notre gratitude.

Le 9 avril 1901, conformément aux termes
de l'article 26, alinéa 2, adopté sur la proposition de M. Louis Renault, tous les États —
même ceux qui n'étaient pas représentés à la
Conférence — ont reçu la notification qui
ouvre en fait la Cour à toutes les Nations.

Depuis cette époque, la vie normale de l'institution internationale est assurée et l'expérience montre comment, grâce aux nouvelles
règles établies, le fonctionnement de l'arbitrage

peut devenir chaque jour plus pratique et plus simple. Qu'il soit permis ici de rendre hommage à cet égard à MM. les membres du conseil administratif et, en particulier, aux distingués secrétaires généraux, qui s'y sont succédés, M. le baron Melvil van Lynden, M. Ruyssenaers, M. le baron Michiels van Verduynen.

Comme une suite naturelle de l'organisation du recours à l'arbitrage et de l'institution de la Cour permanente, la notion de justice internationale est entrée dans le domaine de la réalité pratique.

L'opinion des peuples s'en est vite emparée, impatiente de jouir sans délai de sa pleine réalisation, tant sont grands les besoins d'équité, auxquels conduit naturellement le progrès de la civilisation. La légitime prudence des gouvernements s'y est accoutumée.

De là cette longue série de conventions permanentes d'arbitrage, prévue, en quelque sorte, dès 1899, par l'article 19 de la convention : *Conventions générales*, auxquelles les circonstances ont tantôt imposé encore certains ménagements, tantôt permis une application sans restrictions ; — *Conventions spéciales*, visant telles ou telles matières particulières, interprétation de traités de commerce, de prévoyance sociale, de travaux publics communs. En tout 33 traités particuliers, dûment notifiés,

entre États déclarant s'engager désormais à
appliquer, dans leurs relations réciproques,
autant qu'il leur a paru possible, le principe
consacré par la convention de 1899.

Ce n'est pas tout. A un point de vue pratique
immédiat, l'institution des commissions d'enquête et les dispositions relatives aux tribunaux d'arbitrage ont pu, en moins de dix ans,
justifier leur introduction dans le droit des
gens moderne.

Au cours de la dernière guerre, un événement malheureux se produisit dans la mer du
Nord, entraînant dommages matériels et perte
de vies humaines. Un grave conflit était à
redouter entre deux des plus grandes puissances du monde. Il fut fait appel à la convention de 1899 et le conflit fut écarté par le
recours à une commission d'enquête.

L'existence même dans le droit positif international de cette voie de droit, la souplesse
des dispositions qui l'établissent, ont permis à
deux grands États, sans que leur dignité nationale en pût souffrir la moindre atteinte,
d'obtenir, en cinq mois à peine, le règlement
pacifique d'un différend dont, en d'autres
temps, les conséquences eussent pu être les plus
graves.

Par ailleurs, quatre sentences d'arbitrage ont
été rendues à La Haye en conformité de la Convention. Nul n'a oublié, Messieurs, quelle part
revient à l'initiative américaine, particulière-

ment à celle de M. le Président Roosevelt, dans la mise en mouvement de la nouvelle juridiction :

— en 1902, arbitrage entre les États-Unis et le Mexique, affaire dite des fonds pieux de Californie ;

— en 1903, arbitrage entre l'Allemagne, la Grande-Bretagne, l'Italie, la Belgique, l'Espagne, les États-Unis, la France, le Mexique, la Norvège, les Pays-Bas, la Suède, le Venezuela, affaire du traitement préférentiel des créanciers du gouvernement vénézuélien ;

— en 1905, arbitrage entre le Japon et l'Allemagne, la France, la Grande-Bretagne, affaire dite des Baux perpétuels au Japon ;

— en 1905 également, arbitrage entre la Grande-Bretagne et la France, affaire dite des Boutres de Mascate.

En quelques mois ces litiges ont reçu leur solution, alors que l'histoire des arbitrages montre quels étaient jadis les lenteurs, les arrêts, les incidents dus à l'incertitude de la procédure, et il n'est pas téméraire de se demander si, sans la Convention de 1899, il eût été possible de substituer, comme dans l'affaire du Venezuela, aux rigueurs d'une action navale, l'emploi pacifique d'un recours au droit.

Mais il ne suffit pas de constater les résultats obtenus : notre devoir est maintenant de considérer l'avenir.

D'une part, comme toute œuvre humaine, la Convention de 1899 a ses imperfections. D'autre part, ses conséquences pratiques immédiates ont eu des répercussions plus lointaines. Elle a éclairé les esprits, mis en mouvement les consciences, et des résultats qu'elle a déjà produits, sont nés des espoirs et des besoins nouveaux.

Est-il possible de perfectionner les accords, les institutions de 1899? Est-il possible de rendre leur action plus fréquente, plus efficace, plus étendue? Est-il possible, suivant les termes de l'acte final de la Conférence, « de fortifier encore le sentiment de la justice internationale et d'étendre l'empire du droit? »

La circulaire du gouvernement russe en date du 3 avril 1906 a indiqué déjà plusieurs des améliorations dont la pratique a démontré l'utilité et dont les textes sont susceptibles.

Sans parler des préoccupations qui se sont fait jour sur le mode d'organisation de la Cour elle-même, l'expérience a conduit à penser que, pour certains litiges secondaires d'ordre plus ou moins technique, nécessitant une solution simple, rapide et peu coûteuse, les règles de 1899 pourraient être utilement assouplies en une sorte de procédure sommaire.

Au point de vue des commissions d'enquête, l'expérience a également montré que les dispositions du titre III. seraient avantageusement complétées par quelques règles générales de

procédure, facilement applicables, auxquelles
pourraient se reporter, ou les États en passant
leur compromis d'enquête, ou les commis-
saires enquêteurs au cours de leur mission.

L'extension soit de l'arbitrage, soit, plus
généralement, de la juridiction internationale
à de nouveaux objets est de même, d'ores et
déjà, inscrite à votre programme et soumise à
vos délibérations. Les deux propositions annon-
cées à la première séance plénière de la Conférence: l'une par M. le baron de Marschall
touchant la question des prises maritimes,
l'autre par M. le général Porter au sujet du
recouvrement des dettes publiques par la force,
visent, quoique à des points de vue et par des
moyens très différents, à étendre le domaine
des institutions juridiques internationales et
montrent la confiance croissante dont elles sont ·
l'objet.

Il n'appartient pas à votre Président de
déterminer le champ de vos débats et de prévoir les problèmes qui peuvent encore vous
être soumis.

Il ne peut pas cependant ne pas se rappeler
à quelles longues et intéressantes discussions a
donné lieu en 1899 la question de savoir dans
quels cas, dans quelle mesure et dans quelles
conditions, *l'obligation* de recourir à la procédure d'arbitrage pouvait être acceptée soit par
des traités particuliers, soit par des conventions plus générales. Elle ne manquera sans

doute pas d'être examinée de nouveau devant vous.

Certainement elle ne se posera pas dans les termes où elle est en fait déjà résolue entre certains d'entre les États représentés ici: les traités d'arbitrage conclus entre l'Italie et le Danemark, le Danemark et les Pays-Bas, le Chili et la République Argentine contiennent, vous le savez, la clause du recours obligatoire à l'arbitrage sans aucune restriction. Nous savons tous qu'autant il est possible à deux États de consentir séparément et après un examen réfléchi de leur situation réciproque une convention semblable, autant il est impossible d'étendre à l'ensemble des nations le lien d'une obligation aussi absolue.

Mais on ne manquera pas de nous rappeler comment, pour des objets rigoureusement déterminés, le recours *obligatoire* à l'arbitrage s'est introduit en fait et très largement dans la pratique internationale grâce à la signature d'un grand nombre de traités particuliers. La plupart des États, sinon tous, agissant séparément, ont accepté l'obligation de recourir à l'arbitrage pour une certaine catégorie de différends: soit d'ordre juridique, tels que le régime des sociétés commerciales ou industrielles, les matières de droit international privé, la procédure civile ou pénale, la fixation des dommages-intérêts en cas de responsabilité établie; soit relatifs à l'interprétation des traités, à condition qu'ils ne mettent en cause ni les intérêts vitaux, ni l'indépendance ou l'honneur des États, ni les intérêts des tierces puissances.

Un de nos plus savants collègues, M. le Dr Zorn, disait en 1899: « Quand la Cour permanente sera établie et qu'elle fonctionnera, le moment opportun viendra où, après des expériences particulières, on pourra énumérer des cas d'arbitrage obligatoire pour tous. » Il pourra paraître intéressant de se demander si le moment opportun est arrivé et s'il ne serait pas d'une portée morale considérable de consolider par un engagement commun les stipulations déjà conclues séparément entre les diverses nations et de consacrer par une signature commune des clauses où nos signatures à tous se trouvent déjà, en fait, pour la plupart, apposées deux à deux.

Certes on pourra toujours dire que des sanctions matérielles manquent à nos engagements. Mais il faudrait, pour croire à leur inefficacité, méconnaître la puissance de l'idée et l'empire qu'exerce chaque jour davantage sur les actes des nations la conscience universelle. Et ce n'est pas ici qu'une pensée aussi décourageante trouverait un écho parmi ces délégués des nations venus de tous les points du monde pour affirmer leur confiance mutuelle et leurs communes espérances, et qui ont applaudi les éloquentes paroles par lesquelles notre cher Président, M. Nélidow, nous conviait à marcher vers l'étoile lumineuse de la Paix et de la Justice universelles

Messieurs, votre Président s'excuse d'avoir aussi longtemps retenu votre attention. Il n'a pas, en exposant les divers problèmes qui sont posés ou peuvent être posés devant vous, entendu prendre parti sur les solutions possibles. Il s'est borné à fixer avec vous les yeux sur le domaine dont nous aurons à déterminer les limites et les méthodes d'exploration. Pour lui, il ne peut que répéter aujourd'hui ce qu'il disait, il y a huit ans, en ouvrant les travaux de vos devanciers: « Nous avons cette bonne fortune qu'aucune division ne peut exister entre nous sur les idées générales d'où notre œuvre peut procéder. Nous sommes assurés de partir ensemble dans une même direction sur une route commune: le devoir de votre Président sera de mettre le plus loin possible sur cette route le point jusqu'auquel nous pourrons poursuivre ensemble notre chemin. »

C. — LES DÉBATS SUR L'ARBITRAGE EN 1907

A la suite du discours d'ouverture du Président, une discussion qui dura plusieurs semaines se poursuivit sur la question de l' « arbitrage obligatoire. » Il s'agissait de savoir si l'ensemble des États représentés consentiraient à soumettre, dans l'avenir, certains conflits déterminés au règlement par l'arbitrage et si cette obligation pourrait être consacrée par un traité mondial liant tous les États les uns envers les autres.

A la séance du 23 août 1907, M. Léon Bourgeois résuma les travaux du Comité d'Examen chargé spécialement d'étudier cette question:

Si les observations générales sont épuisées, nous allons procéder au vote sur chaque point des propositions américaine, anglaise, portugaise, etc., relatives à l'arbitrage obligatoire.

Avant de voter, je crois utile de faire trois constatations.

La première, c'est que, quelles qu'aient été les difficultés, l'animation et parfois la vivacité de nos débats, il s'est dégagé un sentiment commun qui nous réunit tous.

On peut dire en effet que la volonté unanime des membres du Comité d'Examen est que l'arbitrage obligatoire sorte victorieux de la Conférence de la Paix. Tous, nous avons, à tour de rôle, exprimé cette volonté, et M. le Baron Marschall l'a fait en termes particulièrement heureux. Sur le principe, nous sommes donc d'accord et nous devons le proclamer hautement.

En second lieu, la discussion a eu ce résultat de faire apparaître des difficultés que nous pressentions dès le début. Ainsi, dès la première séance, de vives critiques ont été dirigées contre le système consistant à soumettre à l'arbitrage obligatoire des *ensembles* de traités. Grâce aux patients travaux de plusieurs de nos collègues, tels que MM. de Hammarskjold et Fusinato, les questions soumises à votre examen sont toutes définies par la détermination de l'objet. Nous nous sommes donc mis d'accord sur ce second point: éclaircir le problème et nous mettre en présence, non plus de traités pris dans leur ensemble, mais de cas particuliers considérés dans leur réalité objective.

Enfin, notre entente s'est affirmée sur un troisième point. Le Baron Marschall nous a dit que l'Allemagne était disposée, pour les traités à conclure et quand la matière le comporterait, à faire pénétrer l'arbitrage obligatoire dans la pratique internationale. Cette adoption habituelle de la clause compromissoire constitue pour l'avenir, Messieurs, comme une règle de conduite qui s'imposera moralement à la communauté internationale.

Notre accord sur ces divers principes étant ainsi reconnu, la question se pose maintenant de savoir s'il est possible de constituer entre nous dès aujourd'hui un lien de droit sur des cas d'arbitrage définis.

Je remercie le Comte Tornielli de nous avoir indiqué quelle serait, pour parvenir à une entente sur ce dernier point, la meilleure méthode de votation.

Je crois que nous pouvons, comme il l'a suggéré, prendre l'un après l'autre chacun des articles des listes qui nous sont soumises et faire connaître notre avis successivement sur chacun d'eux sans être en rien engagés par là pour notre vote final.

Nous resterons ainsi maîtres de nos décisions d'ensemble jusqu'au terme de la discussion et les résultats de ces votes particuliers nous éclaireront et nous guideront dans nos résolutions définitives.

Si vous voulez bien, Messieurs, vous associer à ces diverses considérations, il en résultera pour le débat une aisance plus grande. Cela nous rapprochera du but que nous ne cessons d'avoir en vue: sortir d'ici d'accord.

D. — LE VOTE SUR L'ARBITRAGE

A la séance du 5 octobre 1907 de la Commission de l'arbitrage, M. Léon Bourgeois résuma l'esprit des débats qui allaient se terminer par un vote:

Après les deux séances qui viennent d'avoir

lieu, la Commission est au soir d'une admirable journée de travail et de discussion.

Beaucoup ont trouvé long le temps consacré à nos travaux par le Comité d'examen. J'espère que ceux qui n'ont pas assisté à ses séances reconnaîtront que ce temps n'a pas été perdu : c'est grâce à lui qu'un pareil débat a pu se poursuivre et une solution se préparer.

Un égal hommage doit être rendu à tous, aussi bien à ceux qui ont combattu qu'à ceux qui ont soutenu le projet, car c'est de cette collaboration contradictoire que résulte toute lumière, et l'on peut dire que tous ont également contribué à nos décisions définitives.

Je n'ai pas voulu intervenir dans la discussion, mais je ne puis la clore sans exprimer mon sentiment personnel et mes conclusions.

Comme président, j'ai d'ailleurs un devoir à remplir. J'ai promis de mener le plus loin possible sur la route l'ensemble de nos bonnes volontés.

Je dois encore faire tout mon effort pour que le travail qu'ont fourni nos 11 séances de Commission et nos 17 séances de Comité d'examen ne demeure pas inutile, et pour qu'il en reste le plus grand fruit.

Pour cela, je dois d'abord mettre en lumière ce qui nous réunit. Je dois tâcher de limiter exactement les points qui nous divisent et de ne pas laisser croire qu'ils s'étendent à d'autres objets.

On a déjà rappelé ici mes paroles du mois d'août : « Nous sommes ici pour nous unir et non pour nous compter. »

Je ne les oublie pas lorsque je cherche par quel moyen il est possible de faire faire à la grande cause de l'arbitrage un progrès nouveau, avec l'aide de tous.

Le principe de l'arbitrage obligatoire n'est plus contesté.

Tous ont fait des déclarations en ce sens. Pour sa part, le Baron de Marschall nous l'a dit nettement : « Le gouvernement allemand est aujourd'hui favorable en principe à l'idée de l'arbitrage obligatoire. »

Tous se réjouissent de voir les traités d'arbitrage permanent obligatoire se multiplier (33 traités de 1899 à 1907). Tous ont applaudi au traité italo-argentin, conclu ici il y a quelques jours.

Tous enfin sont convaincus que l'application de l'arbitrage obligatoire « peut être faite à *tous les conflits juridiques et relatifs à l'interprétation des traités.* » La preuve en est donnée dans de nombreux traités de l'Italie, de l'Allemagne, de l'Angleterre, des États-Unis, de la République Argentine.

Mais les deux questions qui restent posées sont les suivantes :

1° Pour ces conflits d'ordre juridique ou relatifs à l'interprétation des traités, l'arbitrage obligatoire peut-il être établi par une convention générale universelle?

Oui, répond votre Comité par 14 voix contre 4, sauf la réserve nécessaire de l'indépendance et des intérêts vitaux.

2° Même pour certains de ces conflits, l'arbitrage obligatoire ne peut-il être établi sans réserve de ce genre par la même Convention?

Oui, répond encore votre Comité par 13 voix contre 4 et une abstention.

Sur le premier de ces deux points, l'opposition semble la plus vive. On critique avec force cette clause de la réserve des intérêts vitaux, mais c'est seulement parce qu'on la trouve trop élastique, et que l'arbitrage n'est pas alors suffisamment obligatoire. Nous ne demandons qu'à suivre, et c'est par sagesse que nous n'allons pas plus loin.

N'avons-nous pas du reste le droit de rappeler que la Délégation allemande reconnaît elle-même dans certains cas l'utilité, la valeur morale, de cette clause; et n'en admet-elle pas elle-même l'insertion dans les dispositions relatives au compromis devant la Cour permanente?

Elle n'a, nous le répétons, qu'une valeur morale — mais cela est-il négligeable? Et n'est-ce pas précisément cette portée de la réserve qui laisse à la Convention sa haute valeur aux yeux du monde civilisé, sans qu'il en résulte de péril pour les intérêts légitimes des divers États?

Sur le second point, l'accord est beaucoup plus facile: tout le monde admet également le principe de cas d'arbitrage sans réserve. Mais quelques-uns demandent du temps pour se livrer à des études techniques sur chacun des cas proposés.

Au fond on nous conteste seulement deux choses:

1° Le droit d'appeler, dans la convention même, toutes les Puissances à consentir pour les conflits d'ordre juridique le recours obligatoire à l'arbitrage sous réserve de leurs intérêts essentiels, alors que l'on admet, d'ailleurs, cet arbitrage même sans réserves dans tous les traités particuliers.

2° Le droit de former, soit dans un article de la convention même, soit dans un protocole annexé à cette convention, le lien de droit établissant l'arbitrage sans réserves pour certains cas déterminés, entre les puissances qui sont, à charge de réciprocité, déjà prêtes à le consentir.

En somme, on veut bien pour les conflits que nous avons définis établir l'arbitrage obligatoire:

Soit entre des États pris deux à deux et traitant en dehors de la Conférence;

Soit même entre tout ou partie des Puissances représentées ici, à la condition qu'elles ne prennent pas d'engagement, soit dans la convention universelle pour le Règlement pacifique, soit même sous une forme quelconque,

tant que cette Conférence ne se sera pas
séparée.

Est-ce donc pour une vaine question de
forme que nous discutons?

Que demandons-nous?

L'affirmation du principe de l'arbitrage obligatoire pour les conflits d'ordre juridique, avec
le droit à la réserve pour les intérêts vitaux
des États;

L'affirmation qu'il y a pour les peuples civilisés certains ordres de questions, soit de nature purement financière, soit se rattachant
précisément aux intérêts internationaux communs à tous les peuples, pour lesquels on veut
définitivement que le droit soit la seule règle
entre les nations.

Enfin, nous demandons que ceux qui déjà
ont leur volonté arrêtée en ce sens puissent
constater ici cette volonté.

Mais ce qui nous importe surtout, c'est la
signification que prendront nos actes, suivant
que nos signatures seront données, ou non, au
bas d'une « Convention de La Haye. » Ce qui
nous importe, c'est qu'on ne puisse pas dire
que la seconde Conférence de La Haye s'est
séparée sans avoir fait faire un progrès décisif
à la cause de l'arbitrage international.

Dans la note communiquée par le gouvernement russe à la première Conférence de 1899,
il était éloquemment « parlé de cette catégorie
de traités qui expriment toujours et nécessai-

rement la concordance d'intérêts identiques et communs de la Société internationale. »

La note russe, en s'exprimant en ces termes, visait les Unions universelles — telles que les unions postale, télégraphique, sanitaires, etc. ...

Mais s'il y a ainsi entre tous les peuples des intérêts d'ordre matériel, économique, sanitaire qui leur sont communs à tous et pour la défense desquels ils se sentent étroitement solidaires, on peut dire, depuis 1899, qu'ils ont également reconnu qu'il y avait entre eux un intérêt supérieur à tous ceux-là — ou pour mieux dire un intérêt plus général encore et dont la sauvegarde garantit en même temps la protection de tous les autres: c'est celui du maintien de la paix, de la paix fondée sur le respect des droits réciproques, et sans laquelle tous les autres biens communs des nations peuvent se trouver compromis.

Il y a, disait en 1899 le rapporteur de la Convention du 29 juillet, une « Société des nations » et le règlement pacifique des conflits entre elles est *le premier objet* de cette société.

Or, Messieurs, c'est à La Haye que cette société a pris véritablement conscience d'elle-même — c'est l'institution internationale de La Haye qui la représente aux yeux du monde; c'est là que s'élaborent aussi bien dans la législation de la guerre que dans celle de la

paix, les règles de l'organisation et du développement de cette société et comme le Code
de ses actes organiques.

Tout ce qui se fait ici prend cette haute
signification d'être le fruit du consentement
commun de l'humanité. Rappelez-vous ce
qu'ont cru devoir faire nos collègues de l'Italie
et de la République Argentine lorsqu'ils ont
passé il y a quelques jours l'un des traités
les plus complets et les plus hardis d'arbitrage obligatoire; ils ont tenu à en communiquer le texte, en séance plénière, à notre
Conférence, comme s'ils reconnaissaient que
le traité n'aurait toute sa valeur qu'après avoir
reçu ici la consécration de l'assentiment universel.

Est-il d'ailleurs possible d'espérer que, par
la voie d'accords isolés, on arrive jamais à des
formules d'entente propres à concilier tous les
États?

Les négociations isolées risquent naturellement d'aboutir à des rédactions différentes,
non seulement parce qu'elles reflètent l'état
d'esprit particulier à telle ou telle nation, mais
encore parce qu'une Puissance peut refuser
à telle autre Puissance telle concession particulière qui la placerait peut-être vis-à-vis de
celle-ci dans une situation d'infériorité pour
l'avenir, alors qu'elle consentira à prendre le
même engagement envers l'ensemble des États
du monde, en vue du bien immense que lui

assure en retour la garantie supérieure de l'entente universelle.

On nous accuse de rêverie et l'on semble croire que les Conventions universelles d'arbitrage ne peuvent s'accorder avec les *intérêts réels* de la politique des divers États.

Un État est, nous dit-on, une formation historique dont les conditions d'existence et de développement ne peuvent être subordonnées aux liens d'un traité conclu sans connaissance particulière de la situation de l'autre contractant. On dit encore: Il n'est pas possible de consentir à ce que les *conditions de puissance* d'une nation soient transformées; il n'est pas possible que des conditions différentes soient juridiquement déterminées par les articles d'une convention abstraite et impersonnelle.

Il ne s'agit point, et il ne s'est jamais agi dans nos délibérations des deux Conférences de La Haye, de chercher à modifier les conditions de puissance des diverses nations, d'intervenir dans le développement légitime qu'exigent leur tradition historique, leurs forces présentes et l'avenir de leur génie. Considérant que chaque nation est une personne souveraine, égale aux autres en dignité morale, et ayant, qu'elle soit petite ou grande, faible ou puissante, un titre égal au respect de ses droits, une égale obligation à l'accomplissement de ses devoirs, les États du monde réunis à La Haye cherchent seulement à

étendre entre eux, comme on l'a dit, l'empire
du droit, à garantir à tous, équitablement,
sous le règne bienfaisant de la paix, leur évolution naturelle, à faire, en deux mots, que le
développement de chacun se continue librement mais justement, c'est-à-dire sans atteinte
au droit semblable de chacun des autres.

Ce n'est pas une rêverie, c'est une vérité
d'expérience qui chaque jour se vérifie entre
les nations comme entre les individus, qu'un
réseau toujours plus serré d'intérêts communs
unit les êtres vivants. Les échanges de toutes
sortes, matériels, économiques, intellectuels
et moraux ne cessent de s'accroître — et la
solidarité qui en résulte entre les nations est
tellement étroite aujourd'hui que le trouble
apporté entre deux seulement d'entre elles,
dans leurs relations de droit et de paix, a son
immédiate répercussion sur toutes les autres
nations.

Qu'il y ait ici un centre où ces intérêts communs se reconnaissent et se définissent dans
des conférences universelles — où leur garantie
réciproque est assurée par des conventions
d'arbitrage ou de juridiction internationale, ce
n'est pour aucune d'elles une menace, c'est
pour toutes une sauvegarde.

En consentant dans une mesure prudente et
sage, pour des objets nettement déterminés et
choisis après un examen attentif, à soumettre
aux décisions arbitrales les conflits que peuvent

faire naître entre elles certains différends
d'ordre juridique, l'interprétation de certaines conventions, la liquidation de certaines
créances, en constituant ainsi au milieu d'elles
un domaine également ouvert à tous les États
civilisés, soumis exclusivement et obligatoirement à l'empire du droit, les Puissances représentées à La Haye n'auront pas seulement fait
faire, plus rapidement que par tout autre
moyen, un progrès décisif à la grande cause
de l'arbitrage, elles auront affirmé — ce
qu'elles ne peuvent faire par une autre méthode — une volonté commune du respect du
droit, un sentiment commun de la solidarité de
leurs devoirs. Et ce sera peut-être la leçon de
morale la plus haute qui puisse être donnée à
l'humanité.

Messieurs, j'ai trop souvent éprouvé, au
cours de nos travaux, le désir d'entente et la
bonne volonté réciproque qui nous anime,
pour ne pas espérer entre nous un accord définitif.

Conclusion des débats sur l'arbitrage

A la suite de ce discours, l'assemblée passa au vote
sur le projet anglo-américain d'arbitrage obligatoire,
dont le texte est inséré en annexe au présent volume.
Les deux premiers articles qui consacrent pour
certains cas le recours obligatoire à l'arbitrage et
instituent un lien mondial entre les États, furent
adoptés par 35 puissances contre 5 et 4 abstentions.

Ont voté pour, 35 :

États-Unis d'Amérique, République Argentine, Belgique, Bolivie, Brésil, Bulgarie, Chili, Chine, Colombie, Cuba, Danemark, République Dominicaine, Équateur, Espagne, France, Grande-Bretagne, Guatémala, Haïti, Italie, Mexique, Nicaragua, Norvège, Panama, Paraguay, Pays-Bas, Pérou, Perse, Portugal, Russie, Salvator, Serbie, Siam, Suède, Uruguay, Venezuela.

Ont voté contre, 5 :

Allemagne, Autriche-Hongrie, Grèce, Roumanie, Turquie.

Se sont abstenus, 4 :

Japon, Luxembourg, Monténégro, Suisse.

Quant à l'ensemble du projet qui réglait le fonctionnement de l'arbitrage obligatoire, notamment dans certains cas où il devait être employé sans exception de « l'honneur ou des intérêts vitaux, » il fut adopté par 32 voix contre 9 et 3 abstentions.

Ont voté pour, 32 :

États-Unis d'Amérique, République Argentine, Bolivie, Brésil, Chili, Chine, Colombie, Cuba, Danemark, République Dominicaine, Équateur, Espagne, France, Grande-Bretagne, Guatémala, Haïti, Mexique, Nicaragua, Norvège, Panama, Paraguay, Pays-Bas, Pérou, Perse, Portugal, Russie, Salvator, Serbie, Siam, Suède, Uruguay, Venezuela.

Ont voté contre, 9 :

Allemagne, Autriche-Hongrie, Belgique, Bulgarie, Grèce, Monténégro, Roumanie, Suisse, Turquie.

Abstentions, 3 :

Italie, Japon, Luxembourg.

La Conférence, cherchant alors à préciser les points d'accord unanime qui se dégageaient de cette longue discussion de quatre mois, vota la « Déclaration » suivante :

La Conférence, se conformant à l'esprit d'entente et de concessions réciproques qni est l'esprit même de ses délibérations, a arrêté la Déclaration suivante qui, tout en réservant à chacune des Puissances représentées le bénéfice de ses votes, leur permet à toutes d'affirmer les principes qu'Elles considèrent comme unanimement reconnus :

Elle est unanime,

1° A reconnaître le principe de l'arbitrage obligatoire ;

2° A déclarer que certains différends, et notamment ceux relatifs à l'interprétation et à l'application des stipulations conventionnelles internationales, sont susceptibles d'être soumis à l'arbitrage obligatoire sans aucune restriction.

Elle est unanime enfin à proclamer que, s'il n'a pas été donné de conclure dès maintenant une Convention en ce sens, les divergences d'opinion qui se sont manifestées n'ont pas dépassé les limites d'une controverse juridique, et qu'en travaillant ici ensemble pendant quatre mois, toutes les Puissances du monde non seulement ont appris à se comprendre et à se rapprocher davantage, mais ont su dégager, au cours de cette longue collaboration, un sentiment très élevé du bien commun de l'humanité.

2

LA JURIDICTION INTERNATIONALE
IN 1899

L'arbitrage est un moyen de régler les conflits entre Etats. On a vu comment les Conférences de 1899 et 1907 se sont efforcées d'en préciser le fonctionnement. Pour le rendre d'un usage plus facile et plus habituel, on songea à créer des « Juridictions internationales » qui seraient toujours prêtes à servir de Tribunal en cas de conflits entre les nations.

C'est ainsi que la Conférence de 1899 créa la « Cour permanente d'arbitrage de La Haye » et celle de 1907 tenta d'établir, en outre, une « Cour de justice arbitrale.»

A la première Conférence, un projet anglais et un projet russe proposant l'institution d'une juridiction internationale au Comité d'examen de la Commission d'arbitrage qu'il présidait, M. Léon Bourgeois fit une déclaration au nom de la Délégation française: [1]

Tout en désirant observer, en ma qualité de Président, la plus stricte impartialité au cours de la discussion de cette importante question, je dois cependant exprimer l'opinion de la Délégation française; je crois que le moyen de concilier ces deux devoirs est de faire, dès à présent, la déclaration générale suivante, qui m'assurera, par la suite, toute ma liberté pour présider le Comité.

[1] Sixième séance du Comité d'Examen de l'Arbitrage, Salle des Trèves, La Haye, le 9 juin 1899.

Après avoir pris connaissance des diverses propositions tendant à l'établissement d'une institution internationale permanente en vue de généraliser la pratique de l'arbitrage, la Délégation française considère qu'il existe entre ces divers projets — notamment entre les deux projets émanant de la Délégation russe et de la Délégation britannique — une communauté de principes et de vues pouvant servir de base aux discussions de la Conférence. Elle ne croit donc pas nécessaire de déposer à son tour un projet particulier. Mais dès le début de la discussion en comité, elle désire déterminer les idées générales qui la guideront dans ce débat, fixer les points sur lesquels elle est d'accord en principe avec les auteurs de ces deux projets et, enfin, indiquer certaines propositions qui lui paraîtraient pouvoir compléter heureusement le système proposé et en faciliter l'application.

En établissant le caractère purement facultatif du recours — non pas seulement à un Tribunal permanent, mais même à tout système d'arbitrage, et en excluant d'ailleurs expressément « tous les cas où seraient en cause les intérêts vitaux ou l'honneur national des États » — les projets soumis à notre examen nous paraissent avoir répondu aux premières objections qu'auraient pu soulever les scrupules les plus légitimes du sentiment national. Il importe qu'aucune apparence de

c

contrainte morale ne vienne influer sur les déterminations d'un État, lorsque sa dignité, sa sûreté, son indépendance pourront lui sembler en cause.

C'est dans le même esprit de profonde prudence, et avec le même respect du sentiment national que, dans l'un et l'autre projet, on s'est abstenu d'inscrire le principe de la permanence des juges. Il est impossible, en effet, de méconnaître la difficulté d'instituer, dans la situation politique actuelle du monde, un Tribunal composé à l'avance d'un certain nombre de juges représentant les divers pays et siégeant d'une manière permanente dans des affaires successives.

Ce Tribunal donnerait, en effet, aux parties, non des *arbitres* choisis respectivement par elles en connaissance de cause et investis d'une sorte de mandat personnel de la confiance nationale, mais des *juges* au sens du droit privé, préalablement nommés en dehors du libre choix des parties. Une cour permanente, quelle que soit la haute impartialité de ses membres, risquerait de prendre aux yeux de l'opinion universelle le caractère d'une représentation des États; les Gouvernements pouvant la croire soumise à des influences politiques ou à des courants d'opinion, ne s'accoutumeraient pas à venir à elle comme à une juridiction entièrement désintéressée.

La liberté du recours à l'arbitrage et la

liberté dans le choix des arbitres nous paraissent, comme aux auteurs des deux projets, les
conditions mêmes du succès de la cause que
nous sommes unanimes à vouloir servir utilement.

Sous cette double garantie, nous n'hésitons
pas à appuyer l'idée d'une *institution* permanente accessible en tout temps et chargée d'appliquer les règles et de suivre la procédure
établie entre les Puissances représentées à la
Conférence de La Haye.

Nous acceptons donc qu'un Bureau international soit établi pour assurer d'une façon continue les services du greffe, du secrétariat et
des archives de la juridiction arbitrale; nous
croyons tout à fait utile la continuité de ces
services, non seulement pour maintenir un
point commun de correspondance entre les
nations et pour rendre plus certaines l'unité
de la procédure et, plus tard, celle de la jurisprudence, mais encore pour rappeler incessamment à l'esprit de tous les peuples, par un
signe apparent et respecté, l'idée supérieure
de droit et d'humanité dont l'invitation de
S. M. l'Empereur de Russie permet aux États
civilisés de poursuivre en commun la réalis-
sation.

La Délégation française estime même qu'il
est possible d'attribuer à cette institution permanente un rôle plus efficace. Elle pense que
ce Bureau pourrait être investi d'un mandat

international, nettement limité, lui donnant
un pouvoir d'initiative propre à faciliter dans
bien des cas le recours des Puissances à l'arbitrage.

Au cas où s'élèverait entre deux ou plusieurs
des États signataires une des difficultés prévues par la Convention comme pouvant être
l'objet d'un recours à l'arbitrage, le Bureau
permanent aurait mandat de rappeler aux parties en litige les articles de la Convention visant
cet objet et la faculté, ou l'obligation, par elle
consentie, de recourir en ce cas à l'arbitrage;
il s'offrirait en conséquence à servir d'intermédiaire entre elles pour mettre en mouvement
la procédure d'arbitrage et leur ouvrir l'accès
de la juridiction.

C'est souvent une préoccupation légitime,
un sentiment de l'ordre le plus élevé qui, précisément, empêchent deux nations de recourir
aux voies de l'arrangement pacifique. Dans
l'état actuel de l'opinion, celui des deux Gouvernements qui, le premier, demande l'arbitrage, craint de voir son initiative considérée
dans son pays même comme un acte de faiblesse et non comme le témoignage de sa
confiance dans son bon droit.

En donnant au Bureau permanent un devoir
particulier d'initiative, on préviendrait, croyons-
nous, cette appréhension. C'est en prévision
d'un scrupule analogue que, dans des cas
cependant plus graves et plus généraux, la

troisième Commission n'a pas hésité à reconnaître aux neutres le droit *d'offrir* leur médiation, et pour les encourager à l'exercice de ce
droit, elle a déclaré que leur intervention ne
pourrait être considérée comme ayant un caractère non amical. A plus forte raison, dans les
cas spéciaux ouverts par la présente Convention
à la procédure d'arbitrage, il est possible de
donner au Bureau permanent un mandat précis
d'initiative. Il sera chargé de rappeler aux parties les articles de la Convention internationale qui lui sembleront avoir prévu le conflit
qui les divise, et leur demandera, en conséquence, si elles consentent à recourir, dans les
conditions prévues par elles-mêmes, à la procédure arbitrale, c'est-à-dire simplement à
l'exécution de leurs propres engagements.
A une question ainsi posée la réponse sera
facile, et le scrupule de dignité, qui eût peut-
être empêché tout recours, disparaîtra. Pour
mettre en action une de ces puissantes ma-
chines par où la science moderne transforme
le monde, il suffit de poser un doigt sur un
point de contact: mais encore faut-il que quelqu'un soit chargé de faire ce simple mouvement.

La Délégation française estime que l'institution à laquelle serait confié ce mandat international aurait à jouer dans l'histoire un rôle
noblement utile. [1]

[1] Cette suggestion de la Délégation française fut incorporée dans la Convention de 1899 sous le nom d'article 27,
qui devint, en 1907, l'article 48.

3

ARBITRAGE ET JURIDICTION
EN 1907

A. — LA COUR PERMANENTE
ET L'ARBITRAGE OBLIGATOIRE

Au cours des débats sur l'arbitrage obligatoire
(3 août 1907), M. Léon Bourgeois, en qualité de
premier Délégué de la France, intervint pour montrer
le lien qui rattache les deux questions de la Cour et de
l'arbitrage:

J'ai écouté les objections qui ont été formulées, par plusieurs de nos collègues, avec
tant d'éloquence et de force contre les projets
de Cour permanente d'arbitrage déposés par
les Délégations des États-Unis et de la Russie,
et j'ai noté leurs inquiétudes dont nous devrons tenir le plus grand compte. Il semble
cependant qu'il est possible de les rassurer.

Je partage les sentiments de Sir Edward Fry
et de M. le marquis de Soveral; et j'affirme
que si les propositions que nous examinons
pouvaient avoir pour conséquence la suppres-
sion de la Cour d'Arbitrage telle qu'elle a été
instituée à La Haye en 1899, il n'y aurait pas
ici contre elles un opposant plus résolu que
moi.

M. Beernaert m'a fait le grand honneur de citer les paroles par lesquelles j'ai exprimé à plusieurs reprises mon attachement aux principes de la première Conférence et défendu le système de 1899 et la nomination des arbitres par les parties. Je n'ai rien à retrancher de ces paroles. Je pense toujours ce que je pensais alors des conditions d'organisation générale d'une Cour universelle d'arbitrage, lorsqu'on la considère dans l'ensemble de sa juridiction et lorsqu'il s'agit de l'ouvrir à tous les cas, même les plus graves, des conflits internationaux.

Mais il s'agit aujourd'hui d'une question tout autre, il s'agit de savoirs si, pour des objets limités, dans des conditions spéciales, il n'est pas possible d'assurer plus rapidement et plus facilement le fonctionnement de l'arbitrage sous une forme nouvelle et nullement incompatible avec la première.

C'est dans cet esprit que la Délégation française, qui a déjà déposé deux propositions tendant à faciliter l'accès et à simplifier la procédure des juridictions internationales de La Haye, a librement examiné les propositions des États-Unis et de la Russie, et qu'elle donne aujourd'hui sa cordiale adhésion aux idées qui les ont inspirées.

Nous sommes tous animés du désir de faire progresser la cause de l'arbitrage. Mais nous paraissons nous diviser en deux groupes lorsque nous cherchons les meilleurs moyens à employer pour en multiplier les applications. Deux systèmes sont en présence: le premier consiste à proclamer *l'obligation* de l'arbitrage pour certains cas; le second est basé sur *la permanence* d'un Tribunal fortement constitué.

Pour notre part, nous croyons qu'il est nécessaire de ne pas séparer ces deux moyens.

Nous reconnaissons la force de certaines des critiques dirigées par M. Asser et M. Choate contre l'œuvre de 1899. Comme l'a dit M. Asser: « Il faut qu'il y ait des juges à La Haye. » Mais s'il n'y en a pas actuellement, c'est parce que la Conférence de 1899, envisageant dans son ensemble le champ ouvert aux arbitrages, a entendu laisser aux parties le soin de choisir leurs juges, choix essentiel dans toutes les causes d'une gravité particulière. Nous ne voudrions pas voir disparaître le caractère véritablement arbitral de la juridiction de 1899, et nous entendons maintenir ce libre choix des juges comme la règle supérieure et commune, pour tous les cas où une autre règle n'aura pas été stipulée.

Dans les conflits d'ordre politique, notamment, nous pensons que cette règle sera toujours la véritable règle de l'arbitrage et qu'aucun État, petit ou grand, ne consentira à aller devant un tribunal arbitral s'il n'est pas inter-

venu d'une façon décisive dans la désignation
des membres qui le composent.

Mais en est-il de même dans les questions
d'ordre purement juridique? Ici les mêmes
inquiétudes, les mêmes défiances peuvent-elles
se produire? Et chacun ne conçoit-il pas qu'un
tribunal véritable, formé de véritables jurisconsultes, peut être considéré comme l'organe
le plus compétent pour trancher les conflits de
ce genre, et rendre des décisions sur de pures
questions de droit?

A nos yeux, c'est donc, selon la nature des
affaires, l'ancien système de 1899, ou le nouveau système d'un tribunal vraiment permanent, qui pourra être préféré. En tout cas il
n'est nullement question de rendre obligatoire
ce nouveau système; nul ne sera obligé d'user
de l'un plutôt que de l'autre. Le choix entre la
Cour de 1899 et le Tribunal de 1907 sera facultatif. Et, comme l'a si bien dit Sir Edward Fry,
c'est l'expérience qui fera ressortir les avantages ou les inconvénients des deux systèmes;
c'est l'usage qui consacrera la meilleure des
deux juridictions.

Messieurs, si nous avons reconnu l'impossibilité d'étendre la juridiction d'un Tribunal
permanent à tous les cas d'arbitrage, nous serons également obligés de reconnaître l'impossibilité d'étendre à tous ces cas l'obligation de
l'arbitrage lui-même, quelque forme qu'on
veuille donner à cette juridiction.

Certes, quelques États comme l'Italie et le Danemark ont pu faire séparément des traités généraux d'arbitrage obligatoire, s'étendant sans aucune réserve à tous les cas, même aux conflits politiques. Mais qui peut espérer dans l'état actuel du monde voir une convention universelle embrassant même les conflits politiques, obtenir la signature de toutes les nations?

Ici encore, nous sommes amenés à faire cette distinction entre les questions politiques et les questions juridiques, qui nous a, tout à l'heure, éclairés et guidés.

Pour les différends politiques, il ne paraît pas possible, en ce moment, de consacrer l'obligation par un traité universel. Mais au contraire, l'obligation de recourir à l'arbitrage n'est-elle pas acceptable pour tous les États dans les dfférends d'ordre purement juridique pour lesquels aucun d'eux ne voudrait risquer un conflit sanglant? Sur ce terrain on peut espérer resserrer autour des nations le lien de l'arbitrage, on peut espérer qu'elles consentiront à en reconnaître l'obligation. Et quand je dis obligation, je dis obligation véritable et sans réserves: car pour ce groupe des questions juridiques, je repousse avec le Baron de Marschall la clause dite de « l'honneur et des intérêts vitaux. » Tous les jurisconsultes seront d'accord pour penser que ces mots introduisent dans les conventions une « condition potestative » qui leur enlève tout caractère de nécessité juridique et qui ôte toute valeur à l'engagement. Là où l'obligation sera possible, il faut qu'elle soit une réalité.

Ainsi, Messieurs, nous apercevons devant nous comme deux domaines distincts, celui de la permanence et celui de l'obligation. Mais dans les deux domaines nous aboutissons aux mêmes conclusions.

Il y a, dans le domaine de l'arbitrage universel une zone d'obligation possible et une zone de faculté nécessaire. Il y a tout un ensemble de questions politiques que l'état du monde ne permet pas encore de soumettre, universellement et obligatoirement, à l'arbitrage.

De même, dans le domaine de la permanence, il y a des affaires que leur nature même permet, et conseille peut-être, de soumettre à un Tribunal permanent.

C'est-à-dire qu'il y a des affaires pour lesquelles un Tribunal permanent est possible — mais il y en a d'autres pour lesquelles le système de 1899 reste nécessaire, car seul il peut donner aux États la confiance, la sécurité sans lesquelles ils ne viendront pas devant des arbitres.

Or, il se trouve que les cas pour lesquels le Tribunal permanent est possible sont *les mêmes* que ceux pour lesquels l'arbitrage obligatoire est acceptable: ce sont, d'une façon générale, les cas d'ordre juridique. Tandis que les affaires politiques, pour lesquelles la liberté de recours à l'arbitrage doit être laissée aux États, sont précisément celles pour lesquelles il faut des arbitres plutôt que des juges, — des arbitres librement choisis au moment même où naît le conflit. N'apercevons-nous pas maintenant par une analyse suffisante, les conditions exactes du problème? Et n'est-ce pas la nature même des choses qui nous en fournit la solution?

Messieurs, est-il possible de nous mettre d'accord pour donner la vie à ce programme?

Tout en maintenant intacte cette grande Cour de 1899 dont les services sont déjà acquis à l'histoire, pouvons-nous constituer auprès d'elle — peut-être en elle-même — un tribunal plus restreint vraiment permanent et de caractère vraiment juridique, pour les causes purement juridiques? Est-il possible de nous mettre d'accord pour déclarer que ces causes purement juridiques sont obligatoirement soumises à l'arbitrage? Pourra-t-on ainsi consolider et fixer pour ainsi dire en partie l'institution internationale de l'arbitrage, à la fois dans ses juges et dans les objets de sa juridiction?

Nous l'espérons et nous saluerons avec joie le jour où, près de la Cour de 1899, ou mieux à son foyer même et peut-être par elle-même,

pourra être constitué un tribunal permanent
pour les affaires d'ordre juridique dans des
conditions telles que les plus petits comme les
plus grands des États y trouvent des garanties
égales pour la définition et la sûreté de leurs
droits.

On a dit justement que dans les autres Commissions de la Conférence on s'était surtout
occupé des questions touchant le régime de la
guerre. Même dans notre 1re Commission, la
Sous-Commission, où s'élabore sur l'initiative
de nos collègues d'Allemagne et d'Angleterre
le projet si intéressant d'une Cour des Prises,
s'occupe en réalité d'une juridiction pour le
temps de guerre. Ici seulement, dans notre
1re Sous-Commission, nous pouvons chercher
à diminuer les risques de guerre, à *consolider
la paix.*

Nous avons reconnu qu'il y avait actuellement deux moyens pratiques d'y parvenir et
nous avons dit qu'à nos yeux ces deux moyens
étaient inséparables: d'une parts la définition
d'un certain nombre de cas, *d'obligation réelle*
de l'arbitrage; d'autre part, l'établissement
d'une juridiction *réellement permanente.*

Nous travaillerons de toutes nos forces en
vue de ce double résultat.

Le monde veut la paix.
Pendant des siècles on a cru uniquement à

cette formule: « Si vis pacem, para bellum,» c'est-à-dire que l'on s'est borné à *l'organisation militaire de la paix*. Nous n'en sommes plus là, mais il ne doit pas nous suffire de constituer l'organisation plus humaine, j'allais dire *l'organisation pacifique de la guerre*.

Les débats qui se sont déroulés ici nous ont montré les progrès de l'éducation des esprits en cette matière, le sentiment nouveau et chaque jour plus pressant de la solidarité des nations et des hommes dans la lutte contre les fatalités naturelles. Nous avons confiance dans l'action croissante de ces grandes forces morales et nous espérons que la Conférence de 1907 fera faire un pas décisif à l'œuvre entreprise en 1899 en assurant pratiquement et réellement *l'organisation juridique de la paix*.

B. — LES PROGRÈS ET L'AVENIR DE L'ARBITRAGE

Avant de clore les travaux de la Première Commission (11 octobre 1907), M. Léon Bourgeois passa en revue les résultats obtenus et indiqua les éléments déjà acquis pour les solutions à venir:

C'est avec une satisfaction profonde que je peux clore nos travaux si intéressants et si délicats à l'heure même où un vote à peu près unanime réunit les États représentés à la Conférence.

Notre tâche a été très longue et j'en demandais à l'instant la nomenclature au Secrétariat :

La 1re Commission a tenu .	.	10 séances.
La 1re Sous-Commission .	.	11 —
Le Comité A. . .	.	17 —
Le Comité B. . .	.	8 —
Le Comité C. . .	.	11 —
La 2me Sous-Commission .	.	3 —
Le Comité d'Examen des Prises.	.	3 —

Cela fait un total de 63 séances.

Ceux qui trouvaient que la Conférence durait longtemps ne pourraient se douter de l'intensité d'un pareil travail. Peut-on dire maintenant que ce travail n'a pas été improductif et qu'il a donné des résultats ?

Je pense, pour ma part, que ces résultats sont importants et que notre Commission peut se présenter avec quelque fierté devant la Conférence plénière.

En premier lieu, nous avons constitué une « Cour des Prises, » c'est-à-dire un tribunal dont les décisions formeront le cadre de la jurisprudence universelle entre les nations maritimes. Vous savez les difficultés qu'a soulevées cette question, les doutes et les oppositions du début, les systèmes en présence qui semblaient séparés par des différences irréductibles. Grâce à la bonne volonté des auteurs des divers projets, ces difficultés ont été vaincues et l'institution nouvelle peut être considérée comme édifiée et soutenue par l'ensemble des États du monde. Telle est l'œuvre de la seconde Sous-Commission.

Quant à la 1re Sous-Commission, elle a poursuivi quatre grandes études: l'amélioration de la Convention de 1899, la question de l'arbitrage obligatoire, la motion américaine sur les dettes contractuelles, la constitution d'une Cour de Justice arbitrale.

En ce qui concerne la Convention de 1899, l'amélioration a porté sur le fond et non pas seulement sur la forme. La législation des Commissions d'enquête, qui ont fait leurs preuves pour la sauvegarde de la paix, a été reprise et perfectionnée. Quant à la procédure arbitrale, elle a été rendue plus souple, plus aisée, moins coûteuse: par suite, l'action de l'arbitrage deviendra plus fréquente.

En ce qui touche l'arbitrage obligatoire, je n'ai pas à rappeler les difficultés de nos travaux et la vivacité de nos débats, mais, comme le constate la déclaration que nous venons de voter, jamais, à aucun moment, d'autres préoccupations que celles d'ordre juridique n'ont animé les membres de cette Commission.

S'il n'a pas été possible de réunir l'unanimité sur le projet élaboré après quatre mois d'études, du moins quelques points d'accord émergent qui empêchent de croire qu'il y a eu recul. Comme l'a dit Sir Edward Fry, l'émi-

nent doyen des jurisconsultes de la Conférence, — et peut-être du monde, — nous
avons pu faire une importante « constatation
de faits. »

Constatation de deux principes essentiels
reconnus de tous, — constatation aussi de la
difficulté qu'il y a d'amener actuellement
certains États au projet du plus grand nombre,
— constatation, enfin, que ces divergences
tiennent à une question de *délai* plutôt que de
principe, et permettent d'espérer que tous
finiront dans un temps plus ou moins court
par s'unir dans la même conception. Ainsi
rien ne sera perdu de ce qui a été discuté,
élaboré et arrêté entre nous.

Un autre résultat est le vote de la motion
américaine: en l'adoptant, la Conférence éli-
mine une des causes les plus fréquentes de
conflits, celle des dettes contractuelles. Désormais, sur ce point spécial, le recours à la
force sera interdit avant qu'il ait été fait appel
à l'arbitrage.

J'arrive enfin au dernier chapitre de nos
travaux: la Cour de justice arbitrale. Là
encore, nous n'avons pas achevé notre œuvre.
Il n'en est pas moins vrai que quelque chose
est déjà acquis: c'est le fonctionnement de
l'institution qui est parfaitement réglée. La
machine est prête, il suffira de lui donner une
source d'énergie.

Le labeur des hommes éminents qui ont

collaboré ici a été considérable et, quant à son efficacité, on n'en pourra bien juger qu'avec le recul nécessaire. Tant que ce recul n'aura pas lieu, l'œuvre accomplie ici pourra être incomprise du plus grand nombre. Il en fut de même de celle de 1899. On en fit peu de cas. Mais, un beau jour, quand l'incident dangereux de Hull fut aplani, on comprit quels pouvaient être l'importance et les bienfaits d'un petit texte de La Haye. Il en sera de même pour l'œuvre de cette 1re Commission dont on pourra dire, plus tard, qu'elle a bien mérité de l'humanité.

J'ai terminé.

On ne s'étonnera pas que la première Commission n'ait pas résolu entièrement tous les problèmes qui lui étaient soumis. Quand un parlement est saisi d'une question, il met souvent plusieurs sessions à l'étudier et à lui donner une solution: son travail est une toile de Pénélope dont il semble que personne ne connaîtra la fin. Pourquoi serait-on plus exigeant pour la Conférence de la Paix? Elle ne peut pas, en une seule de ses sessions qui ont lieu tous les sept ou huit ans, épuiser son programme — surtout quand il s'agit de problèmes plusieurs fois séculaires et auxquels, jusqu'à la fin du xixe siècle, l'humanité n'avait pu donner aucune solution.

Ce serait se montrer trop exigeant que de réclamer chez l'enfant qui grandit ici tous les organes de la maturité.

III

LE DEVOIR INTERNATIONAL

I

EN 1899

C'est sur la proposition de la Délégation française [1] qu'a été introduite, dans la Convention de 1899, la notion d'un « devoir » imposé aux États. Quand un conflit s'élève entre deux d'entre eux, l'ensemble des autres ne doit pas se borner à observer une neutralité indifférente. Ils « doivent, » pour tâcher d'éviter le recours aux armes, rappeler aux Parties en cause qu'il existe un autre moyen de vider leur querelle. C'est dans cet esprit que fut rédigé par M. d'Estournelles de Constant l'article suivant:

Les Puissances signataires considèrent comme un devoir, dans le cas où un conflit aigu menacerait d'éclater entre deux ou plusieurs d'entre Elles, de rappeler à celles-ci que la Cour permanente leur est ouverte.

En conséquence, Elles déclarent que le fait de rappeler aux Parties en conflit les dispositions de la présente Convention, et le conseil donné, dans l'intérêt supérieur de la paix, de s'adresser à la Cour permanente, ne peuvent être considérés que comme actes de bons offices.

M. Léon Bourgeois intervint en sa qualité de Pré-

[1] Voir le discours de M. Léon Bourgeois du 9 juin 1899, pages 87 à 94. — C'est M. d'Estournelles de Constant qui prit, dans la Délégation française, l'initiative de cette proposition.

85

sident du Comité d'Examen de l'arbitrage et obtint
une déclaration favorable au « devoir des Puissances. »
Voici ces deux interventions d'après le procès-verbal
officiel :

.   .   .   .   .   .

Le PRÉSIDENT remercie le Comité des dispositions générales qu'il vient de manifester
concernant les propositions de la Délégation
française. Il résume ensuite la discussion.
L'idée personnelle de M. d'Estournelles a
toute sa sympathie : elle consiste à proposer un
mécanisme pour mettre d'une façon auto-
matique les Puissances intéressées en face de
l'arbitrage.

La difficulté est de savoir si le Secrétaire
Général est en mesure d'assumer la *responsabilité* politique qu'on lui imposerait.

Pourquoi l'a-t-on choisi ? C'est qu'il représente non pas la volonté de telle ou telle Puissance, mais une volonté collective, et qu'il est
vraiment qualifié pour personnifier l'union
commune des Puissances dont il est le man-
dataire et symboliser le devoir qu'elles se sont
reconnu.

Il s'agit de prouver que l'acte de La Haye
aura été signé sérieusement ; s'il en est ainsi,
si l'on considère comme un *devoir* de recourir
à l'arbitrage, alors le détail du mécanisme se
précisera de lui-même.

L'essentiel est de bien dégager un état
d'esprit général, de créer une atmosphère

morale nouvelle et, pour cela, de bien mettre en relief l'idée de devoir: cela fait, les moyens d'application pratique seront faciles à trouver. Mais, encore une fois, ce qu'il faut surtout sauvegarder, c'est l'idée que les Puissances considèrent comme un *devoir commun* de suggérer l'arbitrage.

Pour tenir compte de l'ensemble des opinions émises par chacun des membres du comité, on pourrait formuler dans ce sens la proposition qui lui est soumise et il semble que le meilleur de la pensée de M. d'Estournelles recevrait ainsi satisfaction.

(Le premier paragraphe de la proposition de M. d'Estournelles, constatant le « devoir » des Puissances, est adopté à l'unanimité.)

Le PRÉSIDENT, après avoir constaté l'assentiment unanime du Comité, le remercie d'avoir décidé d'inscrire dans l'acte de La Haye le mot *devoir*, et il fait valoir toute la portée morale et pratique de cette décision: Désormais, les États ne se considéreront pas comme indifférents les uns aux autres. Dès qu'un conflit menacera de mettre aux prises deux d'entre eux, ils ne seront pas des neutres impassibles, mais des voisins *solidaires* qui ont le *devoir* de sauvegarder la paix générale.

. . . . .

Les Puissances Balkaniques ayant ensuite fait opposition à l'article 27 présenté à la septième séance de la Commission de l'arbitrage (1899), M. Léon Bourgeois adressa à leurs représentants l'appel suivant:

Messieurs, avant de passer au vote sur sa proposition, je demande à M. le Délégué de Serbie la permission de lui adresser un dernier appel. Je le fais tant au nom de la Délégation française qui a pris l'initiative de l'article 27 que comme Président de la Commission.

Depuis l'ouverture de notre Conférence, nous avons plus d'une fois réussi à nous unir, à dégager un sentiment unanime sur des questions où d'abord nous paraissions divisés. Ce serait un résultat considérable et dont l'importance morale dépasse, à mes yeux, toute expression, si, sur cet article 27 qui marque l'un des points essentiels de l'institution de l'arbitrage, nous parvenions, là aussi, à donner au monde le spectacle de notre unanimité.

Si j'examine les idées qui ont dicté à M. Veljkovitch ses réserves sur l'article 27, je puis dire qu'aucune de ces idées ne peut soulever ici et n'a soulevé d'objection. Tous les discours que vous avez entendus, toutes les déclarations qui ont été faites sur le sens et la portée de cet article sont d'accord pour l'établir et je tiens à confirmer expressément ce qui a été dit avec tant de force par tous les membres du Comité d'examen.

Les conflits que vise l'article 27 sont bien seulement ceux qui pourraient mettre la paix en péril. C'est bien pour ceux-là seulement que nous considérons comme légitime l'appel à l'arbitrage amicalement fait aux Parties en litige par les Puissances signataires.

Quant à l'inquiétude qui a été exprimée par M. le Délégué de Serbie de voir une Puissance forte se servir de l'article 27 pour tenter une intervention abusive dans les affaires d'une Puissance plus faible, j'affirme simplement que si une Puissance agissait ainsi, loin d'avoir le droit d'invoquer l'article 27, elle me paraîtrait agir absolument contre son but et contre son esprit. Pour nous, si cet article pouvait avoir une telle conséquence, non seulement nous n'en aurions pas pris l'initiative, mais, s'il avait été présenté par d'autres, nous l'aurions énergiquement combattu et nous lui refuserions notre vote.

M. Veljkovitch a demandé quelle était l'utilité pratique de l'article 27. Je ne reviendrai pas sur la réponse qui lui a été faite. On a montré qu'il était nécessaire de rappeler, pour l'arbitrage, les principes qui étaient inscrits dans l'article 1er de la Convention par lequel les Puissances signataires s'engagent à faire tous leurs efforts pour amener le règlement pacifique des conflits internationaux. Ces principes, on les a appliqués en déterminant le caractère de bons offices qu'ont à nos yeux les offres de médiation. Il était nécessaire et logique d'en dire autant pour le conseil donné de recourir à la Cour permanente d'arbitrage et d'affirmer le devoir qui incombe aux Puissances de faire sous cette forme, comme sous les autres, un effort sincère pour le maintien de la paix entre les nations.

Mais il ne s'agit pas seulement de l'utilité pratique de cette disposition. Soyez sûrs, Messieurs, que ce qui nous détermine à la défendre si énergiquement, c'est qu'elle nous paraît avoir une utilité morale, dont chaque jour qui s'écoulera après la fin de nos travaux fera mieux comprendre la grandeur.

Messieurs, certains, ignorant la puissance de l'idée, voudraient prétendre que ce que nous avons fait ici est peu de chose. Je suis au contraire convaincu que lorsque nous serons sortis de cette Conférence, lorsque nous n'aurons plus le souci légitime de la défense des intérêts spéciaux à chaque nation, dont nous devions tenir compte, nous-mêmes nous jugerons mieux l'importance de notre œuvre, et plus on s'avancera sur la route du temps, plus clairement apparaîtra cette importance. L'utilité morale des dispositions de l'article 27 est tout entière dans ce fait, qu'un devoir commun, pour le maintien de la paix entre les hommes, est reconnu et affirmé entre les nations. Croyez-vous que ce soit peu de chose que, dans cette Conférence, c'est-à-dire non pas dans une réunion de théoriciens et de philosophes, discutant librement et sous leur seule responsabilité personnelle, mais dans une assemblée où sont officiellement représentés les Gouvernements de presque toutes les nations civilisées, l'existence de ce devoir international ait été proclamé et que la notion de ce devoir, désormais introduite pour toujours dans la conscience des peuples, s'impose dans l'avenir aux actes des Gouvernements et des nations?

Que nos collègues qui ont fait opposition à cet article me permettent de le leur dire. Je crains qu'ils n'aient point les yeux tournés vers le but qui vraiment doit être le leur. Ils ont semblé préoccupés des intérêts opposés des grandes et des petites Puissances dans cette question de l'arbitrage. Je répéterai après le comte Nigra: il n'y a ici ni grandes ni petites Puissances; toutes sont égales devant l'œuvre à accomplir. Mais si l'œuvre devait être plus utile à quelques-unes, n'est-ce pas aux plus faibles qu'elle profiterait certainement? Hier, au Comité d'examen, je le disais à nos collègues opposants: toutes les fois qu'un Tribunal a été institué dans le monde et qu'une décision réfléchie et impartiale a pu ainsi s'élever au-dessus de la lutte des intérêts et des passions, n'est-ce pas une garantie de plus qui a été ainsi donnée aux faibles contre les abus de la force?

Messieurs, entre les nations il en sera de même qu'entre les hommes. Les institutions internationales comme celle-ci seront la garantie des faibles contre les forts. Dans les

conflits de la force, quand il s'agit de mettre en
ligne les soldats de chair et d'acier, il y a des
grands et des petits, des faibles et des forts.
Quand dans les deux plateaux de la balance il
s'agit de jeter des épées, l'une peut être plus
lourde et l'autre plus légère. Mais lorsqu'il
s'agit d'y jeter des idées et des droits, l'inégalité cesse et les droits du plus petit et du plus
faible pèsent dans la balance d'un poids égal
aux droits des plus grands.

C'est ce sentiment qui nous a dicté notre
œuvre et c'est aux faibles surtout que nous
avons pensé en la poursuivant. Puissent-ils
comprendre notre pensée et répondre à notre
espérance en s'associant aux efforts tentés
pour régler de plus en plus par le droit l'avenir
de l'Humanité.

A la suite de cette intervention, les Puissances
balkaniques cessèrent leur opposition et l'article 27
fut adopté.

2

EN 1907

En 1907, deux amendements des Délégations du Chili et du Pérou proposaient un changement au texte de l'article 27 dans le but de rendre d'une application plus courante l'exercice du « devoir international » proclamé en 1899.

Il s'agissait d'autoriser le Bureau de La Haye à recevoir de l'une des Puissances en conflit une « note » déclarant qu'elle était disposée à se soumettre à l'arbitrage ; le Bureau devait ensuite faire part de cette communication à la Puissance adverse.

Cette proposition, qui complétait dans un sens pratique le principe du devoir international, fut défendue par la Délégation française en 1907 et adoptée, malgré une assez vive opposition. Elle fut formulée dans les deux derniers alinéas de l'article suivant qui reproduisit dans sa première partie les termes de l'ancien article 27 et devint l'article 48 :

Les Puissances contractantes considèrent comme un devoir, dans le cas où un conflit aigu menacerait d'éclater entre deux ou plusieurs d'entre Elles, de rappeler à celles-ci que la Cour permanente leur est ouverte.

En conséquence, Elles déclarent que le fait de rappeler aux Parties en conflit les dispositions de la présente Convention, et le conseil donné, dans l'intérêt supérieur de la paix, de s'adresser à la Cour permanente, ne peuvent être considérés que comme actes de bons offices.

En cas de conflit entre deux Puissances, l'une d'Elles pourra toujours adresser au Bureau international une note contenant sa déclaration qu'Elle serait disposée à soumettre le différend à un arbitrage.

Le Bureau devra porter aussitôt la déclaration à la connaissance de l'autre Puissance.

DEUXIÈME PARTIE

LES RÉSULTATS DES DEUX CON-
FÉRENCES DE LA PAIX

I

RESULTATS DE LA CONFERENCE DE 1899

1

RAPPORT SUR LA PREMIÈRE CONFÉRENCE DE LA PAIX (1899)

— CONCLUSION —

Nous ne pouvons terminer ce Rapport [1] sans apprécier ce que sont, à nos yeux, les résultats généraux de la Conférence de la Paix.

L'opinion, insuffisamment renseignée par la presse et distraite par d'autres préoccupations, n'a pas saisi toute l'importance de l'œuvre entreprise à La Haye. Sans doute cette œuvre n'a été marquée par aucun coup de théâtre et la Conférence a été loin de donner une solution définitive à toutes les questions posées devant la conscience des nations par l'initiative du Tsar.

Il est cependant plusieurs de ces questions, et non des moins difficiles, qui ont trouvé leur

[1] Rapport adressé au Ministre des Affaires étrangères.

solution. Il en est d'autres dans l'examen desquelles les États représentés ont consenti à faire un pas considérable et se sont, par de formelles déclarations, interdit de revenir désormais en arrière.

La première Commission n'a point réussi à faire prévaloir le principe de la limitation des armements: on devait s'y attendre, dans l'état actuel de l'Europe; mais la Conférence a tenu à affirmer que les difficultés politiques ou techniques qui rendaient aujourd'hui impossible la solution du problème posé par le Tsar ne devaient pas détourner les Gouvernements d'en reprendre l'étude et elle a émis un vote formel en ce sens; elle a même, pour marquer, dès maintenant, le sentiment commun à toutes les nations représentées, déclaré à l'unanimité, sur la proposition d'un des Délégués de la France, que « la limitation des charges militaires qui pèsent actuellement sur le monde est grandement désirable pour l'accroissement du bien-être matériel et moral de l'humanité. »

Ainsi la Conférence s'est élevée hautement contre la théorie barbare qui voudrait faire considérer la guerre comme un état nécessaire et ses maux comme des maux inévitables et presque salutaires, et elle en a, au nom de tous les peuples civilisés, prononcé la condamnation définitive.

Elle a, d'autre part, revendiqué dans la

guerre même les droits de l'humanité en formulant les trois déclarations que nous avons citées, relatives au lancement ou à l'emploi de certains projectiles ou explosifs.

Les questions soumises à la seconde Commission n'étaient ni aussi nouvelles, ni aussi complexes. Aussi les a-t-elle entièrement résolues.

On lui doit deux grandes Conventions qui prendront dans le droit international une place considérable et que tous les amis de l'humanité attendaient depuis trente années.

Les articles additionnels, rédigés en 1868, pour étendre à la guerre navale les bienfaits de la Convention de Genève, n'avaient jamais obtenu la ratification des Puissances, et la Croix-Rouge n'avait pas encore étendu son action bienfaisante sur ces combats de mer, où le sort des blessés est plus terrible encore, leurs risques de mort plus nombreux et plus redoutables que dans les batailles terrestres. On alléguait, depuis trente ans, l'impossibilité d'organiser les secours, et surtout le danger, pour les belligérants, de voir, sous prétexte d'humanité, des navires ennemis ou neutres intervenir déloyalement dans les opérations militaires. La Conférence de la Paix a réglé ces difficultés; toutes les puissances représentées à La Haye ont, à l'heure actuelle, signé la Convention qui organise la Croix-Rouge sur mer, et nous devons rappeler que c'est sur le rapport d'un

D

délégué français, M. Louis Renault, rapport
adopté à l'unanimité par la Conférence, que
cette grande œuvre s'est accomplie. On
n'oubliera pas, du reste, que les études poursuivies depuis de longues années, en ce sens,
par notre Ministère de la Marine, ont grandement contribué à ce résultat.

Égale est l'importance de la Convention sur
les conditions de la guerre sur terre: elle définit
la situation des belligérants et des prisonniers
de guerre, fixe les règles des hostilités, le sort
des espions, les droits des parlementaires et
les conséquences des armistices; enfin elle
impose, dans un but supérieur de droit et
d'humanité, des limites rigoureuses à l'action
des armées dans les territoires envahis. Il
suffit d'énumérer les objets de cette Convention pour faire mesurer les difficultés d'une
œuvre semblable. On l'avait déjà tentée en
1874, à Bruxelles, sur l'invitation de la Russie,
et, malgré l'accord réalisé d'abord entre les
Délégués des Puissances, on n'avait pas pu
obtenir de celles-ci la ratification des dispositions délibérées. L'Angleterre, notamment,
s'était montrée irréductible. Cette fois encore,
à certains jours, il a paru impossible d'aboutir,
et nous avons le droit de rappeler que c'est
l'intervention d'un des Délégués français qui
permit de reprendre et de mener à bien la
question capitale des pouvoirs de l'ennemi en
territoire envahi, sur laquelle le Président de

la Commission lui-même semblait considérer un accord comme impossible.

Aujourd'hui vingt-quatre Puissances [1] ont signé ce Code des lois de la guerre.

Nous ne reviendrons pas longuement sur les résultats obtenus par la troisième Commission, dite de l'arbitrage; nous avons dit la part que les Délégués de la France ont eu l'honneur de prendre à ses travaux.

Cette Commission n'a pas établi le caractère obligatoire de la procédure pacifique pour le règlement des conflits internationaux; mais elle a fondé le tribunal devant lequel pourront être portés ces différends. Elle a fait adopter par la Conférence un ensemble de dispositions qui forment un véritable Code de la médiation et de l'arbitrage.

Ces dispositions rendront, en fait, le règlement pacifique des conflits singulièrement plus facile et plus fréquent.

On peut dire que les Puissances, qui, toutes, sans une seule exception, ont signé cette Convention, si elles ne sont pas contractuellement obligées de recourir aux voies pacifiques, se sont du moins placées dans une nécessité morale qui leur rendra de jour en jour plus difficile de se dérober à ce recours.

Il suffira, pour résumer les résultats des

[1] C'est-à-dire toutes les Puissances représentées à La Haye, en 1899, à l'exception de la Chine et de la Suisse.

travaux de la troisième Commission, de rappeler les articles suivants :

1° Les Puissances signataires sont convenues, « en cas de conflit, d'avoir recours, autant que les circonstances le permettront, aux bons offices ou à la médiation d'autres Puissances » (art. 2) ;

2° Elles ont déclaré que « le droit d'offrir les bons offices ou la médiation appartenait aux Puissances étrangères au conflit . . . et que l'exercice de ce droit *ne pourrait jamais être considéré comme un acte peu amical* » (art. 3) ;

3° Elles ont proclamé, pour toute une catégorie de conflits — questions d'ordre juridique, questions d'interprétation et d'application des traités, etc. — « l'arbitrage comme le moyen le plus efficace et le plus équitable de régler les litiges internationaux » (art. 16) ;

4° Elles ont défini et organisé les conditions et la procédure des divers moyens de règlement pacifiques (voir notamment la « médiation spéciale » (art. 8), les « Commissions internationales d'enquête » (art. 9 à 14), et surtout le chapitre « de la procédure arbitrale » (art. 30 à 57).

5° Elles ont enfin établi à La Haye une Cour permanente d'arbitrage accessible, en tout temps, à tous (art. 20 à 30).

Les Membres de cette Cour seront choisis

par les parties sur une liste générale d'arbitres où chaque Puissance aura ses représentants.

Un Conseil international permanent, composé des Représentants des Puissances accréditées à La Haye, en assurera l'organisation et l'existence (art. 28).

En élevant cette juridiction internationale au milieu du monde, comme le symbole même de l'idée de civilisation et de paix, les Puissances ont certainement voulu qu'elle devînt l'instrument suprême de l'action du droit entre les peuples. C'est ce qu'elles ont exprimé solennellement quand elles ont déclaré (art. 27) « qu'elles considéraient *comme un devoir*, dans le cas où un conflit aigu menacerait d'éclater entre deux ou plusieurs d'entre elles, de rappeler à celles-ci que la Cour permanente leur était ouverte. »

Certes, ce texte n'impose pas aux Puissances une de ces obligations contractuelles fatalement dépourvues de sanction et que l'histoire nous montre trop souvent éludées ou brisées, mais il contient un engagement bien autrement fort et durable et mieux d'accord avec les progrès de notre temps: un engagement purement moral à la vérité, mais publiquement, librement souscrit devant l'opinion universelle, et par conséquent d'autant plus difficile à violer.

Nous espérons, Monsieur le Ministre, avoir

établi, dans ce rapport, que, sans avoir satis-
fait sur tous les points aux intentions du Souverain qui en avait pris l'initiative généreuse,
les Conventions signées à La Haye auront servi
grandement la cause de l'humanité et fait
avancer l'heure où, dans les rapports internationaux, la force sera subordonnée à la justice
et au droit.

2

LA GUERRE DU TRANSVAAL
ET LA CONFÉRENCE DE LA PAIX

*(Discours prononcé à la Chambre des Députés
le 20 janvier 1902)*

Le 20 janvier 1902, trois interpellations furent
adressées au ministre des Affaires étrangères au sujet
du refus opposé par le Conseil administratif de la Cour
de La Haye d'examiner la requête des représentants des
républiques sud-africaines. Plusieurs orateurs, notamment MM. Georges Berry, Clovis Hugues et l'abbé
Lemire, s'étonnèrent à ce propos que la Convention
pour le règlement pacifique des conflits internationaux
ne se soit pas montrée plus efficace et que le gouvernement de la République n'en ait pas proposé l'application. Répondant aux précédents orateurs, M. Léon
Bourgeois prit la parole en ces termes:

M. Léon Bourgeois. — Messieurs, notre

honorable collègue, M. l'abbé Lemire, exprimait tout à l'heure le regret que ceux des membres de cette Assemblée qui ont eu l'honneur de faire partie de la délégation française à La Haye n'aient pas pris eux-mêmes l'initiative des interpellations qui ont été successivement adressées au Gouvernement à propos de l'attitude de la France dans la question du Transvaal.

L'honorable abbé Lemire, avec une émotion qui a été partagée par tous les membres de cette Chambre, évoquait les souvenirs douloureux de cette guerre qui se poursuit depuis plus de deux années dans le sud de l'Afrique, et dont les premières heures ont suivi de si près les dernières heures de la réunion de La Haye.

Il y a, en effet, comme une tragique contradiction entre le spectacle que donne aujourd'hui une partie du monde et les espérances qu'avaient dû éveiller certainement les délibérations de La Haye. (*Très bien ! très bien !*)

Si je suis monté à cette tribune, ce n'est pas toutefois pour examiner et pour discuter l'attitude que le gouvernement de la République a cru devoir suivre depuis deux années; c'est l'affaire de M. le ministre des Affaires étrangères, et je suis sûr à l'avance qu'il s'en acquittera de façon à mériter une fois de plus les applaudissements et les témoignages de confiance de la Chambre. C'est pour un autre objet précis, limité, que je demande à mes collègues quelques minutes seulement de leur attention. (*Parlez ! parlez !*)

Il y a deux maux dans la situation actuelle. D'abord un mal évident, un mal que tous les orateurs qui se sont succédé jusqu'ici ont signalé: la douleur que nous ressentons tous à voir se prolonger dans le sud de l'Afrique cette guerre terrible dans laquelle éclate d'un côté l'héroïsme le plus admirable, dans une lutte pied à pied contre les forces d'une puissance vingt fois supérieure, et dans laquelle, de l'autre côté, un point d'honneur, que, pour mon compte, je trouve bien malheureusement placé (*Applaudissements sur tous les bancs.*), fait persister une grande puissance dans les actes qu'elle considère comme nécessaires à la manifestation ou au triomphe de ses droits.

Voilà le mal qui, tout d'abord, apparaît à tous les yeux; voilà la souffrance que nous ressentons tous. Et cette souffrance, je n'ai pas besoin de le dire, M. Lemire avait raison de penser tout à l'heure que les signataires de la convention de La Haye devaient, avec vous tous, et peut-être les premiers, la ressentir profondément eux-mêmes. (*Très bien ! très bien !*)

Mais il est un autre mal que je voudrais prévenir, car il peut devenir très grand; c'est celui-ci. L'opinion publique paraît croire que l'œuvre même de la Conférence de La Haye est atteinte par les événements qui se sont succédé depuis sa clôture; il semble qu'elle

reproche aux gouvernements une inexécution
de la convention de La Haye dans l'affaire du
Transvaal.

L'opinion publique connaît mal les textes;
elle n'a pu étudier les dispositions de détail
des conventions de La Haye; elle est ainsi
entraînée à voir dans les faits actuels une sorte
de violation de ces conventions et à croire que,
par conséquent, il y a de la part des nations
civilisées non pas seulement une sorte d'indif-
férence — ce qui serait déjà une grande défail-
lance humaine — mais une abdication des
droits qui leur ont été reconnus et un abandon de leur signature.

Je considérerais comme plus grave encore
dans l'avenir que cette opinion se répandît et
devînt maîtresse des esprits; je considérerais
comme extrêmement dangereux qu'une sorte
de découragement se répandît et qu'à cause
des événements douloureux que j'ai signalés
on pût croire que dans l'avenir il ne sortira
rien de l'œuvre de La Haye. (*Mouvement.*)

Je crois que ceci a de l'importance, et j'insiste.

Qu'avons-nous fait à La Haye? qu'avons-
nous espéré et que pouvait-il sortir, dans un
bref délai, de nos délibérations?

La paix? . . . La Conférence de La Haye
s'est appelée la « Conférence de la Paix; » mais
quelqu'un a-t-il pensé que, dès le lendemain,
comme par une sorte d'effet magique, l'ensemble des nations, oubliant leurs passions,

leurs habitudes, allaient se soumettre volontairement et immédiatement aux décisions équitables et impartiales d'un tribunal international? Nous, nous n'espérions pas que la paix sortirait immédiatement de la Conférence de la Paix; ce que nous pouvions espérer et ce que nous avons obtenu, c'est qu'il fût créé dans le monde un organe international, un tribunal permanent, offrant toutes les garanties d'impartialité, placé assez haut pour être vu de tous, et exerçant à l'avance sur l'opinion une action suffisante pour que peu à peu l'opinion dirigeât vers ce tribunal les gouvernements résistants.

M. D'ESTOURNELLES. — Très bien!

M. LÉON BOURGEOIS. — Eh bien! cette œuvre qui est une œuvre de lente éducation des nations et des gouvernements eux-mêmes, pouvait-on croire qu'elle s'accomplirait en quelques jours?

Rappelez-vous, messieurs, les difficultés que nous avons rencontrées même pour atteindre ce résultat limité. L'honorable M. Berry, au commencement de cette séance, a parlé de la disposition qui avait — il a employé le mot — exclu le Transvaal de la Conférence de La Haye. Ce n'est pas en vertu d'une décision de la Conférence, comme paraissait le croire M. Berry, que le Transvaal n'a pas été admis à prendre part aux travaux de la Conférence. Rappelez-vous que le Transvaal n'avait pas été

convoqué à la Conférence, que cette non-con-
vocation avait fait l'objet de longues négociations préalables. Vous trouverez dans le
Livre bleu anglais, dans nos Livres jaunes,
dans les procès-verbaux de la Conférence, des
traces nombreuses de ces faits et vous y verrez
comment la question s'était posée.

La question s'était posée de la manière
suivante: Si le Transvaal est invité par le
gouvernement impérial russe, initiateur de la
Conférence, à prendre part à la Conférence,
l'Angleterre ne siégera pas.

Si, par conséquent, le Transvaal était convoqué, c'était une des plus grandes puissances,
et je ne trahis aucun secret diplomatique en
disant, peut-être et même certainement, plusieurs autres qui ne venaient point à La Haye,
en sorte que la question — je parle ici non
pas, vous le voyez, de la Conférence elle-même
mais d'actes antérieurs à elle, qui doivent vous
faire toucher du doigt la limite de son action
— en sorte que la question véritablement était
de savoir s'il y aurait une Conférence de la
Paix ou s'il n'y en aurait pas.

Les gouvernements ont pensé qu'il valait
mieux qu'il y eût une Conférence, qu'il valait
mieux que cette expérience fût tentée de réunir à la fois tous les représentants des grandes
nations dans un conseil où les plus hautes difficultés du droit international seraient étudiées,
où l'on tâcherait de les résoudre; qu'il valait

mieux faire cette tentative que de renoncer à l'entreprendre par suite du refus d'une des puissances de voir une autre nation, dont elle contestait la souveraineté, assister, malgré ses protestations, à cette réunion.

C'est pour cette raison que le Transvaal n'a pas pu être convoqué et n'a pas signé la convention de La Haye. C'est pour cela qu'aujourd'hui on ne peut invoquer régulièrement, juridiquement, — je ne dis pas, monsieur l'abbé Lemire, humainement, — c'est pour cela qu'on ne peut pas invoquer diplomatiquement et juridiquement les dispositions de la convention pour, non pas obliger l'Angleterre, — je reviendrai sur ce mot tout à l'heure, — mais l'inviter officiellement à prendre telle ou telle attitude.

Voilà le premier point. Passons au second.

Le Transvaal n'étant pas au nombre des signataires de la Convention de La Haye, et cette convention ne s'appliquant pas à lui, est-ce donc une convention fermée? Non, elle n'est pas fermée, et elle n'est cependant pas ce qu'on appelle une convention absolument ouverte. M. Berry a fait allusion tout à l'heure aux débats que nous avons été obligés de soutenir pour obtenir du moins que la convention qu'on voulait fermer définitivement et absolument à tous les non-signataires ne le fût pas d'une façon définitive. C'est avec bien des difficultés que nous avons réussi à faire admettre que les conditions dans lesquelles les non-signataires pourraient être appelés à prendre part et à adhérer à la Convention de La Haye feraient l'objet d'une nouvelle délibération.

L'objet de cette formule a été d'affirmer que dans notre esprit la convention était, de sa nature même, une convention ouverte, qu'il pouvait y avoir, qu'il y avait des oppositions politiques à ce qu'elle fût d'ores et déjà ouverte à tous, mais que nous n'entendions pas laisser prescrire le caractère naturel et nécessaire d'une pareille convention, que nous voulions réserver au moins l'avenir au nom des principes généraux du droit. (*Très bien ! très bien !*)

Voilà quel est le sens de l'article d'après lequel les conditions dans lesquelles d'autres puissances pourront adhérer à la convention seront l'objet d'une autre délibération.

Lorsque, la convention ayant été signée, la guerre a éclaté, était-il, dans ces conditions, possible d'invoquer officiellement cette convention au regard de l'Angleterre ? Non, et tout le monde est obligé de le reconnaître.

Tout d'abord, même si le Transvaal avait fait partie des signataires, quelle aurait été la limite du droit des autres nations ?

Ici je rappelle un fait qu'il est nécessaire de rendre présent à tous les esprits et de rappeler à toutes les mémoires: c'est que la question de savoir si l'arbitrage serait obligatoire, même entre les signataires, a fait l'objet de très longs débats, et qu'il y a eu sur ce point une opposition formelle de plusieurs des plus grandes puissances du monde. Non, la Convention de La Haye n'a pas établi l'arbitrage obligatoire; non seulement elle ne l'a pas établi en toutes matières, mais elle ne l'a même pas établi, comme nous l'avons demandé dans certaines délibérations de la troisième Commission, pour un certain nombre de matières limitées et déterminées pour lesquelles il était possible d'espérer qu'on accepterait le caractère obligatoire.

Non; même sur les questions de détail, sur les difficultés qui ne peuvent soulever de grands conflits internationaux, et qui semblent devoir se traiter comme des règlements d'affaires, même sur ces points un certain nombre de puissances n'ont pas voulu accepter que l'arbitrage fût déclaré obligatoire.

Nous nous trouvons donc en présence d'une convention dans laquelle des principes essentiels ont été formulés. L'ensemble des représentants du plus grand nombre des nations civilisées ont été d'accord pour proclamer, au nom de leurs gouvernements, que l'un de ces principes, le plus important sans doute, devait être la recherche de la solution des conflits internationaux par les moyens pacifiques de préférence aux voies de la force. Est-ce donc une chose inutile et vaine que d'avoir obtenu

la proclamation de ce principe? Répondre à
cette question, c'est répondre à cette autre:
A-t-il été inutile et vain en 1789 de proclamer
la Déclaration des droits de l'homme? (*Très
bien! très bien! à gauche. Mouvements
divers.*) Si, en effet, la Déclaration des droits
de l'homme n'a pas immédiatement, du jour
au lendemain — et nous le savons trop — produit le respect de tous les droits de l'homme
et du citoyen . . .

M. MASSABUAU. — On y a mis le temps!

M. LÉON BOURGEOIS. — . . . l'accomplissement de tous leurs devoirs, a-t-il été
inutile de donner à la conscience du monde
cette formule de la dignité et de la liberté
humaines? (*Applaudissements à gauche. Inter-
ruptions à droite.*) Laissez-moi aller jusqu'au
bout; je crois ces explications nécessaires;
j'estime que ce sont là des choses bonnes à
dire, et il me paraît utile de faire l'éducation
de l'opinion publique en cette matière.

M. MASSABUAU. — L'éducation par l'exemple
vaudrait mieux!

M. DENYS COCHIN. — C'est un plaidoyer!

M. LÉON BOURGEOIS. — Non, ce n'est pas
un plaidoyer. J'assure à mon honorable collègue M. Cochin que l'idée d'apporter un
plaidoyer à la tribune ne m'était pas venue.

M. DENYS COCHIN. — Je ne dis pas un plaidoyer pour vous, mais un plaidoyer pour la
Conférence de la Haye!

M. Léon Bourgeois. — Nous avons fait de
notre mieux, mais il ne s'agit pas de nous
défendre. Il s'agit de faire pénétrer dans les
esprits qu'il restera de nos efforts et de l'œuvre
laborieusement accomplie quelque chose qui
ne sera pas détruit. Il s'agit de faire comprendre que les circonstances actuelles, si déce-
vantes qu'elles puissent être, ne doivent pas
nous faire oublier qu'il y a dans le monde quelque chose de nouveau quand même, un germe
déposé, et que malgré les circonstances, peut-
être en raison même de ces circonstances, ce
germe de bien lèvera, ces espérances de bien se
développeront. (*Applaudissements à gauche.*)

Oh! je sais que l'humanité voudrait réaliser,
sans plus de délai, immédiatement, ces expériences, mais considérez que lorsque nous
sommes chez nous, nous nous efforçons de
faire aboutir une réforme, souvent des années
se passent avant que nous y parvenions.
(*C'est vrai ! très bien ! à gauche.*)

Et nous nous plaignons, nous souffrons du
temps qu'il faut pour réaliser une réforme qui
touche non la France seule, mais, le monde
entier! Et quand il s'agit d'une si profonde
réforme à faire aboutir, non pas dans un pays
libre et depuis longtemps habitué à la liberté,
mais entre des nations dirigées par des gouvernements d'esprit, de sentiments et de cons-
titutions différents, partagées par des intérêts
opposés, souvent par des passions violentes,

partagées entre des luttes d'influences qui s'étendent sur tout le globe, croyez-vous qu'il soit possible, en quelques années, que le problème soit résolu? (*Applaudissements à gauche.*)

Retenez bien, messieurs, que le premier résultat acquis de la Conférence, cette proclamation de principes, cette déclaration de droits et de devoirs, tire une importance particulière du fait qu'elle est due, non à des philosophes, à des écrivains, à des jurisconsultes, c'est-à-dire à des hommes uniquement préoccupés de théories et de droits, n'ayant point de responsabilité publique et n'engageant qu'eux-mêmes, mais bien aux représentants officiels de vingt-six gouvernements réunis. Une pareille manifestation compte dans le monde, messieurs, et comptera tous les jours davantage!

Un autre point acquis est celui-ci: une institution a été créée, un tribunal dans lequel on a cherché à réunir toutes les garanties d'un fonctionnement impartial et d'une autorité incontestée.

Enfin une procédure a été déterminée. Cela paraît peu de chose, et cependant, je vous assure, — tous les juristes savent très bien que la forme est la garantie du fond, — que ces questions de procédure en matière internationale ont souvent fait échouer des tentatives de médiation, de conciliation et d'arbitrage (*C'est vrai ! très bien !*); que, par conséquent, il était bon qu'une procédure fût établie, reconnue et acceptée à l'avance comme la meilleure pour régler les différends internationaux lorsque l'acte d'initiative, l'acte qui saisit le tribunal, aura été accompli.

Voilà ce qui a été fait. Mais il y a plus. Cette institution créée, ce système d'arbitrage exposé aux yeux du monde, il s'agissait de savoir comment, par quels moyens on amènerait les nations à y recourir.

Messieurs, vous avez pu lire dans les procès-verbaux de la Conférence de La Haye les longues discussions qui se sont poursuivies au sujet de l'article 27. J'y ai fait allusion tout à l'heure. J'ai rappelé que l'arbitrage obligatoire avait été écarté, que, par conséquent, il avait été impossible de faire admettre que les nations fussent considérées comme devant obligatoirement s'adresser à ce tribunal.

Tout ce que nous avons pu faire, ç'a été de rédiger et de faire adopter l'article 27 de la convention. J'en devrai parler brièvement, puisque, messieurs, les auteurs en sont vos compatriotes et vos collègues.

Cet article 27 a introduit dans le droit international non seulement un mot nouveau, mais un principe, une idée nouvelle, l'idée d'un devoir international, le principe d'un devoir des peuples et des gouvernements les uns vis-à-vis des autres; le devoir, pour les nations cosignataires, d'intervenir et de rappeler aux nations sur le point d'entrer en conflit qu'il existe un tribunal, et que le vœu de l'humanité est qu'elles s'adressent à ce tribunal.

Messieurs, sur ce devoir des nations intermédiaires, des nations neutres, je vous assure qu'il s'est élevé de grands et longs débats; ce n'est pas avec facilité que nous avons pu réussir à faire introduire dans la convention de La Haye cette première notion d'un devoir des nations les unes vis-à-vis des autres. (*Applaudissements.*)

C'est encore peu de chose, direz-vous? Non, c'est beaucoup! Je crois profondément à la puissance de la force morale. (*Très bien ! très bien !*); je crois que lorsqu'on a donné à une idée morale une formule claire, de nature à saisir l'attention et à la retenir, on a fait quelque chose. (*Applaudissements.*)

Voilà ce qui a été fait à La Haye. Certes, autant que qui que ce soit ici je puis regretter que la convention d'arbitrage ne contienne pas davantage; autant que qui que ce soit je pourrais souhaiter et je souhaiterais qu'on eût pu introduire dans cette convention des dispositions plus rigoureuses et surtout des sanctions.

Il est trop évident que ces sanctions font défaut et ce n'est pas d'aujourd'hui que nous le savons. Mais, par là même, on ne peut faire grief aux différents gouvernements de l'Europe ou du monde de n'avoir pas invoqué ou appliqué les articles de la convention de La Haye pour tenter de résoudre la question du Transvaal. On ne peut dire qu'il y ait eu, à une heure quelconque, une violation des dispositions de cette convention.

On ne peut donc pas prétendre qu'il y ait pour l'œuvre de La Haye un échec, ni qu'elle ait été répudiée, abandonnée par ses signataires, parce que, jusqu'aujourd'hui, de douloureux problèmes actuels n'ont pas été abordés et résolus.

Je ne voudrais pas aller plus loin; je passerais en effet de l'exposé des discussions de la convention de La Haye à une autre discussion, celle des actes du Gouvernement; or, je ne suis pas responsable de ses actes; par conséquent je n'ai pas qualité pour prendre la parole à ce point de vue. Je me bornerai à dire qu'il m'a paru, — M. le ministre des Affaires étrangères me démentira ou me rectifiera, s'il y a quelque chose d'inexact dans mes paroles. — il m'a paru que, quoi qu'on en ait pensé et quoi qu'on en ait dit, à plusieurs reprises depuis deux ans, dans la forme où cela a été possible, des efforts ont été tentés pour déterminer entre les deux puissances en lutte un essai d'arbitrage ou d'arrangement amiable et pacifique.

Le président de la République des États-Unis a fait à cet égard à une époque déjà ancienne une tentative qui n'a été suivie d'aucun succès. J'ai lu dans les journaux que récemment les

Boers, s'adressant au conseil administratif de La Haye, lui avaient demandé de réunir le tribunal pour juger la question pendante. Je crois savoir aussi que le représentant du gouvernement russe avait exprimé le très vif désir qu'il fût possible de donner une suite à cette demande des représentants des Boers et que le représentant de la France avait exprimé le même sentiment.

Qu'est cela, messieurs? C'est, sous une forme bien indirecte, direz-vous, une indication du désir des gouvernements russe et français et de leur espoir d'un arrangement pacifique.

Peut-on aller plus loin en pareille matière et voulez-vous exposer votre pays à voir rejeter officiellement une proposition officiellement faite? Personne ne peut le penser.

Reconnaissons donc ceci: il y a malheureusement une nécessité impérieuse, quelque chose comme la loi du *fatum* antique, qui en ce moment-ci arrête, suspend, tient en échec non pas seulement les sentiments et les volontés des puissances qui sont venues à la Conférence de La Haye, mais, je puis le dire, les sentiments et les volontés de l'humanité tout entière. (*Applaudissements.*)

Il faut, je crois, — et c'est l'attitude que les Parlements comme le nôtre, que les pays libres comme le nôtre doivent donner en exemple au monde dans cet ordre de questions, — il faut donner cette impression qu'on ne

cherche pas la solution du problème là où elle
ne peut pas être trouvée. Il ne faut pas
demander l'impossible et exiger l'application
d'une convention quand elle ne saurait s'appliquer. Il ne faut pas considérer comme
obligatoires des dispositions qui ne sont que
facultatives; il faut donner cette impression que, sachant les difficultés, sachant les
limites étroites malheureusement, cent fois
trop étroites, dans lesquelles nous sommes
enfermés, nous continuons par toutes les voies
de l'opinion, par tous les procédés de libre discussion et de manifestation de notre sentiment,
à affirmer notre désir et notre espoir de voir
triompher les idées de justice et d'humanité.
(*Applaudissements.*)

Je parlais d'éducation; il y a une éducation
à faire par les nations, par les gouvernements
eux-mêmes. Ils sont absorbés, je le répète,
par des nécessités pratiques particulières et peut-
être, si l'on écoutait de très pres, si l'on mettait
l'oreille contre leur cœur, on percevrait les
mêmes battements que dans les nôtres; mais
ils n'osent pas, ils ne peuvent pas toujours non
plus; ils obéissent à des obligations qui les
retiennent. Manifestons à cet égard, librement, et sans engager notre Gouvernement,
nos sentiments et nos espérances; disons très
haut qu'un grand pays s'honore en cherchant
à résoudre, par des voies pacifiques, les difficultés de sa politique. En exprimant claire-

ment cette pensée devant le monde, nous aurons servi la justice et l'humanité. (*Vifs applaudissements sur un grand nombre de bancs.*)

3

« NI SCEPTICISME, NI IMPATIENCE »

(Préface du livre de M. Mérignhac sur la Conférence de 1899)

L'auteur qui écrira l'histoire du xixe siècle apercevra-t-il nettement l'importance de la Conférence internationale de la Paix? Donnera-t-il à cette grande manifestation pacifique, restée quelque peu inaperçue du grand public, la place qui lui convient; et ne sera-t-il point tenté d'attirer, à son détriment, l'attention sur les événements retentissants qui l'ont suivie, tels que la guerre du Transvaal et le soulèvement de la barbarie chinoise contre la civilisation européenne? Non, à coup sûr, s'il y a en lui à la fois l'instinct du philosophe, du philanthrope et du juriste.

Comme philosophe, l'historien de la Conférence de la Paix saura mettre en lumière, ainsi qu'il conviendra, la haute portée de la conception nouvelle d'après laquelle les peuples, hier encore isolés, sont aujourd'hui réunis par une

solidarité mutuelle qui leur fera dire d'eux-
mêmes ce que le poète disait de son semblable :
nihil humanum a me alienum. C'est ce principe
de solidarité internationale qui est à la base
de la Convention pour le règlement pacifique
des conflits internationaux ; c'est lui qui a inspiré les décisions arrêtées par la troisième Commission, et spécialement l'article 27 dont nous
tenons à citer ici le texte : « Les Puissances
signataires considèrent comme un *devoir*, dans
le cas où un conflit aigu menacerait d'éclater
entre deux ou plusieurs d'entre elles, de rappeler à celles-ci que la Cour permanente leur
est ouverte. — En conséquence, Elles déclarent
que le fait de rappeler aux Parties en conflit
les dispositions de la présente Convention, et
le conseil donné, dans l'intérêt supérieur de la
Paix, de s'adresser à la Cour permanente, ne
peuvent être considérés que comme actes de
bons offices. »

Comme philanthrope, l'historien de l'œuvre
de La Haye ne pourra que donner une adhésion
sans réserve à l'ensemble des Déclarations et
Conventions votées le 29 juillet 1899. Avec
Dunant et Moynier, il louera tout ce qui a été
si heureusement réalisé dans la sphère de la
Croix-Rouge maritime ; avec Romberg-Nisard,
il appréciera à leur juste valeur les améliorations notables apportées à la condition des prisonniers de guerre ; avec Frédéric Passy, Stead
et la baronne de Suttner, il applaudira aux

efforts généreux qui, entre autres créations heureuses, ont amené l'institution de cette Cour
arbitrale que réclamaient depuis si longtemps
les pacifiques, qu'avait vainement cherché à
organiser la Conférence interparlementaire de
Bruxelles. Sans doute, il constatera qu'on
pouvait aller plus loin en décrétant l'arbitrage obligatoire, dont le domaine d'abord
restreint était susceptible d'une extension incalculable! Mais il se souviendra que la résistance
irréductible d'un seul vint sur ce point para-
lyser toutes les bonnes volontés réunies. Et,
mettant en balance, d'un côté les résultats
obtenus, de l'autre ceux qui auraient pu l'être,
il reconnaîtra, dans son jugement impartial,
que les premiers ne sauraient être effacés par
l'insuccès des seconds.

Comme juriste enfin, celui qui analysera les
travaux des diplomates réunis à la *Maison du
Bois* par l'initiative de l'Empereur Nicolas II
pourra constater qu'en votant les trois conventions sur les lois et coutumes de la guerre
aussi bien que sur la médiation et l'arbitrage,
en élaborant ainsi une codification qui ne contient pas moins de cent vingt-sept textes de
fond, la Conférence de La Haye est parvenue à
établir, pour régler ces matières, des principes
certains là où n'existaient auparavant que des
usages et opinions plus ou moins vagues. On
regrettait, avec raison, que le Droit des gens
n'eût été encore codifié en aucune de ses

parties essentielles. On déplorait que le professeur, dans sa chaire, le diplomate, dans les
congrès, l'arbitre, à son tribunal, n'eussent
aucun guide sûr et fussent en quelque sorte
livrés aux seules inspirations de leur conscience, alors que la gravité des problèmes
s'agitant entre les nations réclamait des règles
fixes et précises. Désormais, ces regrets et
ces critiques ne pourront se produire que plus
rarement. Sur des points importants du
Droit des Gens, la codification est faite; et
si, en exécution des vœux émis à La Haye,
d'autres Conférences suivent celle de 1899
dans le chemin tracé par celle-ci, la codification générale parviendra certainement à
s'accomplir.

Cet esprit à la fois philosophique, philan-
thropique et juridique, indispensable pour bien
se pénétrer des résultats obtenus à La Haye et
les mettre en lumière, anime, comme on s'en
rendra facilement compte, l'ouvrage de M. Mérignhac. Le jurisconsulte que ses travaux antérieurs bien connus sur l'arbitrage indiquaient
tout naturellement pour devenir l'historien et
le commentateur de la Conférence de la Paix
n'est point de ceux qui estiment que tout a été
manqué parce qu'on n'a point réalisé tout ce
qu'on avait d'abord espéré. N'hésitant pas à
critiquer, avec cette entière liberté d'esprit et
cette franchise d'allures qui sont toujours le
propre de l'enseignement supérieur français,

les points pour lesquels il croit qu'on aurait pu faire différemment ou mieux, il met en lumière le chemin parcouru et à parcourir, le but atteint et celui qui reste à atteindre. Son livre sera d'une lecture utile à la fois pour le grand public, qui saisira vite, grâce à lui, les lignes principales de nos délibérations, et pour les travailleurs, qui pénétreront avec lui dans les détails et se mettront exactement et facilement au courant de l'état actuel du droit international sur les questions tranchées par la Conférence de la Paix.

La part que nous avons personnellement prise aux travaux de la Conférence nous a permis d'apprécier, en pleine connaissance de cause, avec quelle fidélité et quelle scrupuleuse netteté de vue M. Mérignhac avait su rendre la physionomie exacte de nos délibérations. Sur les points les plus importants et spécialement à propos de l'organisation de la Cour arbitrale, de la préférence à donner au *jury international* sur une magistrature de carrière, inamovible et permanente, nous nous sommes rencontré avec lui en parfaite communauté d'opinion. Et c'est précisément cette similitude d'idées qui nous a fait accepter avec un vif plaisir la proposition de présenter au public, dans les quelques lignes qui précèdent, le *Commentaire des travaux et des résolutions de la Conférence de la Paix.*

L'un des publicistes qui ont le plus ardem-

ment soutenu la cause de la Paix nous deman-
dait, il y a quelques mois, quel devait être le
sentiment des hommes éclairés sur les résultats
de la Conférence. Nous lui répondîmes simplement ces deux mots: « Ni scepticisme, ni
impatience. » Il nous semble qu'après la
publication du beau livre de M. Mérignhac,
cette réponse sera celle de tous les lecteurs de
bonne foi.

4

LA CONSCIENCE UNIVERSELLE

A l'occasion du banquet du 28 novembre 1904 offert
par le Groupe parlementaire français de l'Arbitrage
international en l'honneur des Délégués des Parlements
scandinaves, M. Léon Bourgeois adressa la lettre
suivante au Président du groupe, M. d'Estournelles
de Constant:

Mon cher Sénateur et Ami,

Jamais, plus vivement qu'aujourd'hui, je
n'ai regretté d'être retenu loin de toute manifestation publique. J'aurais été, en effet, profondément heureux d'être auprès de vous,
comme nous fûmes côte à côte à La Haye, pour
recevoir la délégation que les trois parlements
scandinaves font au parlement français l'honneur de lui envoyer pour témoigner de l'estime

et de la sympathie réciproques qui chaque jour s'accentuent entre leurs patries et la nôtre, et pour rendre hommage aux principes de justice et de solidarité internationales pour lesquels nous avons lutté de notre mieux à la Conférence de la Paix.

Que de chemin parcouru depuis cette année 1899 où beaucoup, même parmi les esprits les plus libres, traitaient de chimères les espérances fondées sur les conventions de La Haye! Il a fallu deux ou trois ans pour qu'un premier traité d'arbitrage fût signé entre deux grands pays en exécution de ces conventions. Mais, depuis, c'est presque chaque jour que nous apprenons la signature de quelque nouveau traité de ce genre, et l'on peut prévoir le temps où la législation internationale enveloppera comme d'un réseau pacifique l'ensemble des peuples civilisés.

Et quel triomphe plus éclatant encore de nos idées dans cette convention toute récente par laquelle la Russie et l'Angleterre viennent de soumettre à une Commission d'enquête, constituée conformément aux articles de La Haye, ce grave incident de Hull, d'où pouvait sortir la plus terrible des conflagrations!

Certes, l'œuvre qui reste à faire est immense. Il y faut travailler sans cesse, et sans cesse chercher les moyens de développer, de perfectionner, de rendre plus efficace et plus rigoureux ce droit nouveau de la paix dont les bienfaits se font pour la première fois sentir au monde.

Et c'est pourquoi nous devons applaudir à l'initiative récente du Président des États-Unis d'Amérique et nous réjouir de l'accueil déjà fait par tant de puissances à son généreux projet.

Mais les bons ouvriers de cette grande tâche, si rares il y a cinq ans à peine, sont aujourd'hui légion. Au-dessus des gouvernements eux-mêmes, une puissance souveraine a pris naissance, qui disposera bientôt des destinées du monde. Il a toujours existé une puissance de l'opinion, mais on n'entendait par là qu'une force passagère et dont la direction variait sans cesse selon les passions ou les intérêts du moment. La puissance nouvelle est née d'une tout autre origine; elle doit porter un autre nom: elle s'appelle *la conscience universelle ;* elle puise ses inspirations dans les principes mêmes de la morale et du droit; elle en a la fixité et la force, et c'est à eux qu'elle doit sa constante et bienfaisante action.

C'est là qu'est la signification profonde de la visite que font à la France nos collègues du Danemark, de la Suède et de la Norvège; c'est là ce qui doit doubler pour nous la joie de les recevoir. Nous les saluons comme ils doivent l'être, non seulement comme les délégués de leurs parlements et de leurs pays, mais encore comme les représentants de cette conscience universelle dont nous nous efforcerons avec eux d'assurer l'empire sur le monde.

Je sais, mon cher Ami, que les pensées que j'exprime imparfaitement ici sont les vôtres et que nul n'en saurait être l'interprète plus éloquent et plus convaincu.

Voulez-vous en transmettre l'expression à nos collègues et agréer, pour eux et pour vous, l'assurance de mes sentiments les plus dévoués?

5

L'ÉTAT DE DROIT ENTRE LES NATIONS

*(Discours prononcé à l'occasion
du jubilé de M. Louis Renault, le 10 mars 1907)*

Mon cher Maître et Ami,

J'avais la charge de nos affaires extérieures quand nos amis communs m'ont fait, il y a quelques mois, l'honneur de m'offrir la présidence de cette réunion, et je m'étais fait un devoir de venir vous apporter, au nom du Gouvernement de la République, l'hommage de la gratitude du pays pour les services que vous ne cessez de lui rendre.

Mais les promoteurs de cette fête ont bien voulu voir en moi, non le ministre qui passe, mais l'ami qui demeure. Se souvenant de la simplicité et de la modestie dont votre vie offre un si noble exemple, ils m'ont persuadé qu'elle aurait d'autant plus de prix à vos yeux qu'elle garderait un caractère d'intimité plus cordiale: c'était l'affection de vos collègues, le respect et la reconnaissance de vos élèves d'hier et d'aujourd'hui dont les marques vous toucheraient avant tout; j'avais eu l'honneur d'être votre collègue à la Conférence internationale de la Paix, je l'étais encore à la Cour permanente d'Arbitrage, et surtout j'avais été nécessairement votre *élève* toutes les fois qu'au cours de ma vie publique j'avais dû chercher dans les règles du Droit international la solution d'une difficulté politique. On m'affirmait que, pour toutes ces raisons, j'avais encore qualité pour être à cette place auprès de vous.

Ai-je besoin de vous dire avec quelle joie je me suis laissé convaincre, et combien je suis heureux de pouvoir dire ici, — pour l'avoir personnellement mesurée, — quelle incomparable autorité est la vôtre dans les conseils du monde civilisé!

Cette autorité, mon cher Maître, vous l'exercez naturellement; il semble que vous vous sentiez investi d'une sorte de magistrature par la confiance et par le respect de tous. Et j'en aperçois distinctement les deux causes: l'une de l'ordre intellectuel, l'autre toute morale.

Avant tout, peut-être, vous le devez à l'ad-

mirable unité de votre vie de travail et de
pensée, de dévouement et de désintéressement.
Tout à l'heure, un de vos élèves l'évoquait
dans un mot quand il rappelait que vous aimiez
à vous dire « un professeur dans l'âme. » Vous
êtes, en effet, depuis bientôt quarante années,
le Maître qui se donne tout entier à la recherche
et à la diffusion de la vérité, qui veut toujours
mieux savoir pour toujours mieux enseigner,
qui ne se laisse éblouir et tenter par aucune
des ambitions que légitimeraient tant de
services et que seconderaient si facilement les
relations les plus hautes, la pratique et la
maîtrise des questions d'État les plus complexes et les plus graves, un universel renom;
— mais qui, bien au contraire, d'un Congrès
ou d'une Conférence où il a tenu l'un des
premiers rangs, se hâte de revenir à sa paisible
chaire pour y retrouver ses élèves aimés et
reprendre pour eux, avec le fruit d'une expérience nouvelle, les chères leçons interrom-
pues. . . .

Aussi bien les leçons d'un tel maître peuvent-elles s'interrompre? Et l'exemple d'une
telle existence n'est-il pas le plus continu et
le plus efficace des enseignements!

Il s'en dégage une beauté morale, une force
rayonnante, conseillère de droiture et de dignité, qui, des élèves, fait de véritables disciples. Et c'est ce rayonnement que nous
sommes si heureux de retrouver nous-mêmes

E

dans l'austère et douce figure où le Maître Chaplain a su, si fortement et si profondément, modeler vos traits.

Au reste, l'ordre qui règne dans la vie d'un homme est le signe de l'ordre qui gouverne son esprit. En parlant ainsi de vous, mon cher Maître, il me semble avoir déjà dit la valeur de la doctrine que, dans les deux chaires de la Faculté de Droit et de l'École des Sciences politiques, vous n'avez cessé de répandre depuis tant d'années. Il ne m'appartient pas, au milieu des maîtres de la science du Droit qui nous entourent, de faire l'éloge de votre enseignement: je ne pourrais rien ajouter à ce qu'ont dit déjà les orateurs qui m'ont précédé; tous ont loué comme elles doivent l'être cette clarté de la pensée, cette vigueur du raisonnement, cette méthode pénétrante qui, dans les propositions les plus complexes, vous permet de parvenir, par l'analyse la plus fine et la plus précise, à la synthèse la plus sûre, qui donne à vos conclusions une force singulière et comme un caractère d'évidence à vos jugements.

Ces qualités de mesure, de clarté, de probité intellectuelle, qui sont, entre toutes, les qualités de la science française, vous les avez manifestées chaque jour dans vos études théoriques, dans vos leçons de l'École, dans vos rapports aux divers Congrès, dans vos sentences arbitrales. Mais ce qui est la marque

propre de vos travaux et de vos enseignements, ce qui vous a fait une place si éminente
et si personnelle parmi les maîtres de notre
droit, c'est l'union étroite, à chaque page de
votre œuvre, de la spéculation doctrinale et
de la connaissance pratique des réalités.

Professeur, vos leçons de la Faculté dégagent
de l'examen des faits historiques, de l'étude
attentive des conflits, des négociations et des
traités, les principes généraux qui ont formé
peu à peu et éclairent progressivement la conscience internationale; et vos leçons des
« Sciences politiques » apprennent à vos élèves
l'art d'appliquer ces principes, encore si souvent imprécis et contestés, aux mille difficultés
de la vie des Chancelleries.

Diplomate, dans ces Conférences où vous
représentez si souvent la France, vous vous
efforcez de faire pénétrer dans les relations de
peuple à peuple, et de fixer dans des accords
durables, ces règles de justice et d'équité qui
sont « l'expression des rapports nécessaires »
entre les personnes morales que doivent être
les nations, et dont les développements successifs marquent les véritables étapes de la civilisation.

Et c'est ainsi que dans la chaire, où vos leçons condensent toute la matière vivante de
vos négociations et de vos arbitrages, vous
êtes pour vos élèves, non pas seulement un
philosophe ou un historien du Droit des gens,

mais bien, si je puis dire, un acteur du drame
international, souvent un créateur de l'histoire
diplomatique, tandis que dans les Congrès,
— dans cette Conférence de La Haye, où vos
rapports sur la Croix-Rouge maritime et sur
l'Acte final de la Conférence ont rallié l'unanimité des suffrages, — dans ce Congrès de 1906,
où, toujours sur votre rapport, fut revisée la
Convention de Genève et réalisé un décisif
effort pour l'adoucissement du sort des victimes
de la guerre, — vous êtes parmi vos collègues,
par la hauteur de votre pensée et par la sûreté
de votre science, comme un Maître dans sa
chaire: et ce sont vos collègues eux-mêmes qui
le proclament, comme M. le Président Odier
déclarant à Genève que vous avez été « l'archi-
tecte » de l'œuvre accomplie.

L'heure est bien choisie, mon cher Collègue
et Ami, pour rappeler devant vous ces souvenirs. Vous allez, — et, j'espère, nous allons
ensemble, — bientôt retourner dans cette chère
cité de La Haye où s'est tenue la première
Conférence de la Paix. Nous y reverrons la
Maison du Bois et le noble Vivier sur les bords
duquel nous avons si souvent échangé nos
doutes et nos espérances sur l'avenir d'une
œuvre aussi passionnante par sa nouveauté que
par sa grandeur.

Certes, nous n'y avons pas d'un seul coup,
— et qui donc l'eût pu prétendre, —rempli
tout le programme que l'initiative du Tsar avait

soumis aux délibérations des nations. Nous
avons cependant fait aboutir cette Convention
pour l'application à la guerre maritime des
principes de Genève, à laquelle votre nom, je
l'ai dit tout à l'heure, est glorieusement attaché;
et ce Règlement concernant les lois et coutumes
de la guerre sur terre dont le but, défini par la
Convention qui le précède, est de « diminuer
les maux de la guerre et de servir, même dans
les cas extrêmes, les intérêts de l'humanité. »

Si des difficultés, d'ordre pratique autant
que d'ordre politique, ont obligé la Conférence
à se borner à une déclaration de principe sur
la limitation des charges militaires, elle a du
moins mené à bien cette Convention pour le
règlement pacifique des conflits internationaux
dont la solution heureuse de la grave affaire
de Hull a prouvé suffisamment l'efficacité.
Elle a pour la première fois créé dans le monde
un Tribunal international permanent, elle a
élevé entre les peuples un prétoire, dont l'accès
leur est librement ouvert, et vers lequel, chaque
jour davantage, ils se sentent moralement
obligés de tourner les yeux.

Elle a enfin, dans l'article 27 de la Convention
sur l'Arbitrage, créé pour les Puissances signataires un *devoir* nouveau, celui de rappeler aux
États entre lesquels un conflit menace d'éclater
les dispositions de cette Convention et de leur
conseiller, dans l'intérèt supérieur de la paix,
le recours au Tribunal international: affirma-

tion toute nouvelle d'un devoir de solidarité entre les peuples civilisés.

Je me rappelle avoir dit au lendemain de la Conférence de La Haye à ceux qui me questionnaient sur ses résultats: « N'ayons, pour les bien juger, ni scepticisme, ni impatience. » Je répéterai la même parole au seuil de la Conférence prochaine. Ce qui est en question dans ces assemblées universelles qui sont sans analogues, sans précédentes dans l'histoire, ce n'est pas, comme on le dit trop simplement, l'établissement d'un état de paix, c'est quelque chose de plus haut et de plus précis, j'ajouterai de plus large encore, l'établissement d'un état de droit entre les nations, car il n'y a, il ne peut y avoir de paix véritable que fondée sur le sentiment commun et sur le respect réciproque des droits. Or, ce n'est pas dans cette École qu'il est besoin de dire ce qu'il faut de temps et de persévérance pour dégager, formuler, faire accepter, rendre habituelles, puis nécessaires, les règles d'un droit nouveau. Et ce n'est pas non plus ici qu'il serait besoin de dire la grandeur en même temps que les difficultés de la tâche et de rappeler que c'est aux conquêtes pacifiques de l'idée du droit que se sont mesurés dans tous les temps les progrès décisifs de l'humanité.

Quel domaine nouveau la Conférence de 1907 soumettra-t-elle au règne du droit ? Nous n'avons pas, mon cher Ami, qualité pour le rechercher ensemble aujourd'hui. Mais, pour la cause que nous irons servir, c'est une grande bonne fortune d'avoir pu célébrer précisément aujourd'hui l'idée du droit au foyer de son enseignement, au milieu des Maîtres qui la représentent avec tant d'éclat, en la personne d'un de ceux qui l'honorent le plus et qui la servent le mieux par la pensée et par l'action.

II

RÉSULTATS DE LA CON-
FÉRENCE DE 1907

1

RAPPORT SUR LA DEUXIÈME CON-
FÉRENCE DE LA PAIX (1907) [1]

— CONCLUSION —

Dans leur rapport au Ministre, les Délégués
de la République française à la première Conférence croyaient pouvoir affirmer que, si les
Conventions signées à La Haye en 1899
n'avaient pas réalisé toutes les espérances
qu'avait éveillées la convocation de cette
Assemblée, elles, avaient du moins « servi
grandement la cause de l'humanité et fait
avancer l'heure où, dans les rapports internationaux, la force sera subordonnée à la justice et au droit. » Après les délibérations et
les votes de 1907, les Délégués français à la
seconde Conférence peuvent, avec une assurance nouvelle et pour des raisons tirées d'une

[1] Rapport adressé au Ministre des Affaires étrangères.

expérience de huit années, vous apporter les mêmes conclusions.

Nous ne reprendrons pas ici les considérations d'ordre général qui ont été exposées au commencement de ce rapport pour montrer la haute signification morale des travaux de la seconde Conférence et la portée qu'ont, pour l'avenir, celles mêmes de ses délibérations qui n'ont pas abouti, dès maintenant, à des décisions définitives, à des textes ayant force de convention internationale.

Nous nous en tiendrons à ces seuls textes et leur résumé suffira à faire juger l'étendue de l'œuvre accomplie.

I

Si nous laissons à part la question de la limitation des armements, qui avait été expressément exclue du programme de la Conférence et sur laquelle elle a cependant tenu à manifester, par une déclaration unanime, le sentiment de l'opinion universelle, voici les résultats définitivement acquis à la cause du droit et de l'humanité par les Conventions votées à La Haye en 1907.

A. — Dans le domaine de *l'arbitrage et de la justice internationale :*

1° Le principe de l'arbitrage obligatoire, *qui avait été rejeté en* 1899, a été accepté, en 1907, par une déclaration unanime de la Conférence et, par un vote également unanime, elle en a admis l'application sans aucune restriction à « certains différends, notamment à ceux relatifs à l'interprétation et à l'application des stipulations conventionnelles internationales. »

En outre, un projet de traité mondial d'arbitrage obligatoire, comprenant un système complet d'enregistrement universel des obligations consenties, a été voté par 32 Puissances sur 44 États représentés et, s'il n'a pu, par le *veto* de la minorité, être inséré dans l'Acte final, la Déclaration unanime de la Conférence a constaté que ces 32 États se réservaient *le bénéfice de leurs votes*, ce qui leur permet de réaliser, entre eux, quand ils le voudront, la Convention préparée.

2° Une procédure nouvelle, créée par la modification de l'ancien article 27 de la Convention de 1899, devenu l'article 48 de la Convention de 1907, permet dorénavant à toute Puissance disposée à recourir à l'arbitrage de s'adresser, non plus seulement à son adversaire, mais au Bureau international de La Haye, représentant l'ensemble des Nations, et celui-ci a le devoir de notifier cette déclaration à l'adversaire — et par là même d'en saisir l'opinion universelle.

3° La Conférence a voté un projet complet de juridiction internationale *permanente*, dite : « Cour de justice arbitrale, » composée de juges nommés pour douze ans « représentant les divers systèmes juridiques du monde, et chargés d'assurer la continuité de la jurisprudence arbitrale ; » en outre, par un vœu inséré dans l'acte final, elle a demandé aux Gouvernements de mettre ce projet en vigueur aussitôt qu'un accord serait intervenu sur le choix des juges.

4° Enfin, elle a revisé et refondu la Convention de 1899 sur le Règlement pacifique des conflits internationaux, établi des règles précises pour le fonctionnement des commissions d'enquête, amélioré la procédure ordinaire des arbitrages et créé une procédure sommaire, simple, rapide et peu coûteuse, pour les litiges d'ordre technique et d'importance secondaire.

En outre, les deux résultats essentiels suivants ont été définitivement acquis :

5° Une Convention spéciale a interdit aux États « le recours à la force armée pour le recouvrement des dettes contractuelles, » sauf si l'État débiteur refuse l'arbitrage ou manque d'exécuter la sentence arbitrale.

Un véritable cas d'arbitrage obligatoire est ainsi introduit en fait, pour une sorte importante et trop fréquente de conflits, dans le régime contractuel des Nations.

6° La Conférence a enfin institué une *Cour
internationale des Prises.*

Pour la première fois, les États civilisés
se sont mis d'accord pour créer une *juridiction internationale, obligatoire et permanente,*
supérieure à leurs juridictions nationales.

L'objet de cette institution est spécial, il est
vrai. Mais les Prises maritimes comptent
parmi les plus graves des questions qui divisent les États et peuvent les mettre en conflit
armé, et c'est sans aucune restriction ou
réserve que ces États ont accepté de les soumettre dorénavant à la juridiction internationale.

Quelle que soit d'ailleurs l'importance de
ses attributions, le fait même de l'existence
d'une telle juridiction suprême, à laquelle
sont soumises les sentences des tribunaux
nationaux, équivaut à une révolution dans les
rapports politiques des Nations.

B. — Dans le domaine de la *guerre :*

Pour la première fois, l'ouverture des hostilités entre deux États est soumise à une régle:
elle doit être précédée d'un avertissement
préalable et non équivoque, ayant soit la
forme d'une déclaration de guerre motivée,
soit celle d'un ultimatum avec déclaration de
guerre conditionnelle. Et les neutres ne peuvent être de leur côté tenus aux obligations
de la neutralité que « s'il est établi, d'une

manière non douteuse, qu'ils ont connu l'état de guerre. »

C. — Dans le domaine spécial de la *guerre sur terre* :

1° De nombreuses améliorations ont été apportées au règlement international de 1899, en vue de multiplier et de préciser les obligations de faire ou de ne pas faire imposées aux combattants.

Par l'article 44 notamment, une des pratiques les plus odieuses de la guerre, l'emploi des *guides forcés* et la contrainte exercée sur les populations envahies pour en obtenir des renseignements militaires, a été solennellement interdite.

2° Le caractère obligatoire du Règlement de 1899 a été non seulement affirmé de nouveau, mais *sanctionné* par une disposition toute nouvelle (art. 3), déclarant le belligérant *responsable* des actes commis, en violation dudit règlement, par toutes « personnes faisant partie de sa force armée, » c'est-à-dire par tous commandants, officiers, sous-officiers et soldats — et créant le droit à indemnité pour les victimes, conformément aux principes du droit privé.

La sanction pécuniaire des obligations internationales, pour la première fois, se trouve ainsi définitivement introduite dans le droit des Nations.

3° Pour la première fois enfin, les droits et les devoirs des Puissances neutres — conformément au vœu émis par la 1re Conférence de la Paix — ont fait l'objet d'une Convention internationale — et cette convention, notamment en ce qui concerne le matériel des chemins de fer, constitue pour les neutres, particulièrement pour les petits États, un ensemble de garanties précieuses et contractuellement assurées.

D. — Dans le domaine de la *guerre maritme :*

1° Une convention sur l'emploi des mines sous-marines a été conclue et, dans une mesure encore incomplète mais déjà sensiblement efficace, a organisé la protection et diminué les risques de la navigation pacifique.

2° Une autre convention a mis à l'abri du bombardement, dans des limites déjà assez étendues, les ports, villes, villages, habitations ou bâtiments qui ne sont pas défendus.

3° L'adaptation des *Règles de Genève* à la guerre maritime a fait l'objet d'une revision complète, inspirée par les travaux de 1899 (La Haye) et de 1906 (Genève), et qui a abouti à une codification véritable, aussi claire et aussi complète que possible.

4° Les droits et les devoirs des neutres, en cas de guerre navale, ont été définis dans une autre convention où les problèmes les plus difficiles du droit maritime, la durée du séjour et le droit d'approvisionnement des bâtiments de guerre belligérants dans les ports neutres, ont été, au moins partiellement, résolus.

5° Enfin, par trois conventions distinctes, la Conférence a réglé le sort des navires de commerce ennemis au début des hostilités, fixé les conditions de la transformation régulière des bâtiments de commerce en bâtiments de guerre, interdit la capture de la correspondance postale et de certains bateaux de pêche, et garanti, dans des limites équitables, la liberté des équipages des navires de commerce capturés.

II

La simple lecture des textes que nous venons d'analyser suffit à montrer dans quelle mesure a progressé en 1907 cette œuvre que l'histoire appellera l'œuvre de La Haye et qui a pour objet véritable, suivant l'expression du Rapport de 1899, la subordination croissante de la force à la justice et au droit.

La voie du droit est en effet le seul chemin qui puisse sûrement conduire à la Paix. C'est en organisant juridiquement la vie internationale qu'on assurera l'équilibre définitif des États, qu'on leur donnera la sécurité matérielle et morale, qu'on établira entre eux une paix acceptée par tous.

La Conférence de 1899 a créé une communauté internationale, et, dans certaines matières, a commencé à définir les obligations réciproques de chacun des membres de cette communauté.

La Conférence de 1907 a pris complètement conscience des conditions de cette vie nouvelle. Réunissant les représentants de tous les États civilisés, elle s'est attachée à dégager et à définir les règles nécessaires à l'existence d'une société des Nations: ses membres ont été unanimes à reconnaître que seule l'idée du Droit pouvait régler les rapports entre les États; leur tâche commune a été de préciser les applications de cette règle supérieure qui pouvaient dès maintenant faire l'objet de conventions universelles, d'une législation internationale fondée sur le consentement de tous.

C'eût été folie d'espérer qu'une législation internationale *conventionnelle* s'étendrait, dès le premier jour, à toutes les questions qui divisent les nations.

C'est déjà une grande chose que d'avoir, pour toutes les matières que nous avons énumérées, obtenu le consentement de toutes ou presque toutes les Puissances à tant d'obligations réciproques uniquement motivées par des considérations de mutuelle justice.

Il est impossible d'énumérer ici toutes ces

obligations qui constituent le premier réseau des liens de droit acceptés désormais par tous les membres de la Société des Nations.

Certaines d'entre elles sont encore purement morales, comme le *devoir* proclamé par l'article 48 de la Convention sur le Règlement des conflits internationaux « de rappeler aux États, entre lesquels un conflit menace d'éclater, que la Cour permanente d'arbitrage leur est ouverte. »

D'autres sont conditionnelles, et chaque État se réserve de juger si la condition prévue est ou non réalisée: telles sont, par exemple, les règles posées par certains articles du Règlement international de la guerre sur terre et qui cèdent « en cas d'une impérieuse nécessité militaire. » Encore doit-on retenir ici le soin avec lequel les représentants des plus grands États ont affirmé les scrupules qui s'imposaient aux chefs militaires dans l'usage de ces réserves: ils devaient toujours se laisser guider « par la conscience, le bon sens et le sentiment des devoirs imposés par l'humanité. »

Mais déjà un grand nombre d'obligations internationales sont formulées sans réserves et prennent ainsi un caractère juridique, avec toute la rigueur d'un véritable lien de droit.

Le tableau suivant en donne un résumé, forcément incomplet:

I. — Affirmation de droits reconnus a
une Puissance par toutes les autres
et obligations pour celles-ci de
respecter ces droits

A. — *Conférence de* 1899. — Convention
pour le règlement pacifique des conflits
internationaux. — *Article* 3: Reconnaissance du droit appartenant aux Puissances
étrangères au conflit d'offrir leurs bons offices
ou leur médiation, même pendant le cours
des hostilités.

Interdiction pour les parties en litige de considérer l'exercice de ce droit comme un acte
peu amical.

B. — *Conférence de* 1907. — Convention
concernant les droits et les devoirs des
Puissances et des personnes neutres en
cas de guerre. — *Article* 19: Droit pour les
Puissances neutres de retenir et utiliser le
matériel de chemin de fer provenant du
territoire d'une Puissance belligérante, jusqu'à
due concurrence du matériel neutre retenu par
celle-ci.

II. — Obligations de faire

A. — *Conférences de* 1899 *et de* 1907. —
Convention de 1899 pour le règlement
pacifique des conflits internationaux

(REVISÉE ET COMPLÉTÉE EN 1907). — *Article* 48 : Obligation pour le bureau international de La Haye de porter à la connaissance d'une Puissance en litige avec une autre la déclaration d'après laquelle celle-ci se reconnaît prête à soumettre le différend à un arbitrage.[1]

CONVENTION ET RÈGLEMENT DE 1899 CONCERNANT LES LOIS ET COUTUMES DE LA GUERRE SUR TERRE (REVISÉE ET COMPLÉTÉE EN 1907) :

Article premier de la Convention : Obligation pour les États de donner à leurs forces armées de terre des instructions conformes au règlement annexé à la Convention.

Articles du Règlement : Article 4 : Obligation de respecter la propriété personnelle des prisonniers de guerre.

Article 46 : Obligation, pour l'autorité militaire sur le territoire de l'État ennemi, de respecter l'honneur et les droits de famille, la vie des individus et la propriété privée.

Article 52 : Obligation de constater par des reçus les prestations en nature, quand elles ne seront pas payées au comptant, et d'effectuer le plus tôt possible le paiement des sommes dues.

Article 54 : Obligation de restituer à la paix, moyennant indemnité, les câbles sous-marins reliant un territoire occupé à un territoire neutre.

[1] En outre, 32 Puissances sur 44 se sont déclarées prêtes à soumettre à l'arbitrage sans réserve leurs différends dans 8 cas déterminés par la Convention proposée.

Article 56 : Obligation de respecter les biens des communes, ceux des établissements consacrés aux cultes, à la charité et à l'instruction, aux arts et aux sciences, même appartenant à l'État ennemi.

B. *Conférence de* 1907. — CONVENTION RELATIVE A L'OUVERTURE DES HOSTILITÉS.

Article premier : Obligation de ne pas commencer les hostilités sans un avertissement préalable et non équivoque.

Article 2 : Obligation de notifier sans retard l'état de guerre aux Puissances neutres.

III. — OBLIGATIONS DE NE PAS FAIRE

A. *Conférences de* 1899 *et de* 1907. — REGLEMENT CONCERNANT LES LOIS ET COUTUMES DE LA GUERRE SUR TERRE (revisé et complété en 1907).

Article 23 : Interdiction de tuer ou blesser un ennemi qui a mis bas les armes, de déclarer qu'il ne sera pas fait de quartier, d'employer des armes ou projectiles de nature à causer des maux superflus, de déclarer éteints, suspendus ou non recevables en justice les droits et actions des nationaux de la partie adverse, enfin de forcer ceux-ci à prendre part aux opérations de guerre dirigées contre leur pays.

Article 25 : Interdiction d'attaquer ou de bombarder, par quelque moyen que ce soit, des villes, villages, habitations ou bâtiments non défendus.

Articles 28 et 47: Interdiction formelle de piller, même dans une ville ou localité prise d'assaut.

Article 30: Interdiction de punir sans jugement préalable un espion, même pris sur le fait.

Articles 44 et 45: Interdiction à un belligérant de forcer la population d'un territoire occupé à donner des renseignements sur l'armée ou les moyens de défense de l'autre belligérant, ou de contraindre cette population à prêter serment à la puissance ennemie.

Article 46: Interdiction de confisquer la propriété privée.

Article 50: Interdiction d'édicter des peines collectives, pécuniaires ou autres, à raison de faits individuels.

CONVENTION DE 1899 POUR L'ADAPTATION A LA GUERRE MARITIME DES PRINCIPES DE LA CONVENTION DE GENÈVE (REVISÉE ET COM- PLÉTÉE EN 1907).

Articles 1, 2 et 3: Interdiction de capturer les bâtiments hospitaliers.

Article 10: Interdiction de faire prisonnier de guerre le personnel religieux, médical ou hospitalier des bâtiments capturés.

B. *Conférence de 1907*. — CONVENTION RELA-

TIVE AU RÉGIME DES NAVIRES DE COMMERCE ENNEMIS AU DÉBUT DES HOSTILITÉS.

Articles 1 *et* 2: Interdiction de confisquer les navires de commerce ennemis qui se trouvent dans un port de l'adversaire au début des hostilités.

Article 3: Interdiction de confisquer les navires de commerce ennemis qui ont quitté leur dernier port de départ avant le commencement de la guerre et qui sont rencontrés en mer ignorants des hostilités. En cas de saisie, obligation de le restituer après la guerre. En cas de destruction, obligation de payer une indemnité et de pourvoir à la sécurité des personnes, ainsi qu'à la conservation des papiers de bord.

CONVENTION RELATIVE A CERTAINES RESTRICTIONS A L'EXERCICE DU DROIT DE CAPTURE DANS LA GUERRE MARITIME.

Article premier : Inviolabilité de la correspondance postale des neutres ou des belligérants, quel que soit son caractère officiel et privé.

Articles 3 *et* 4: Interdiction de capturer certains bateaux (pêche côtière, missions scientifiques ou philanthropiques).

CONVENTION CONCERNANT LES DROITS ET LES DEVOIRS DES PUISSANCES ET DES PERSONNES NEUTRES EN CAS DE GUERRE SUR TERRE.

Articles 2, 3 *et* 4: Interdiction aux belligérants de faire passer à travers le territoire d'une Puissance neutre des troupes ou convois, soit de munitions, soit d'approvisionnements, d'installer sur ce territoire des stations radio-télégraphiques et d'y former des corps de combattants ou d'y ouvrir des bureaux d'enrôlement.

Article 5: Obligation pour les Puissances neutres de ne pas tolérer les actes susvisés.

CONVENTION CONCERNANT LA LIMITATION DE L'EMPLOI DE LA FORCE POUR LE RECOU-VREMENT DE DETTES CONTRACTUELLES.

Article premier : Obligation de ne pas avoir recours à la force armée pour le recouvrement de dettes contractuelles réclamées au Gouvernement d'un pays par le Gouvernement d'un autre pays comme dues à ses nationaux, sauf quand l'État débiteur refuse ou laisse sans réponse une offre d'arbitrage.

Mais ce n'est pas seulement le nombre et l'étendue de ces obligations internationales qu'il importe de signaler. C'est le caractère absolument nouveau de ces liens de droit, qui donne aux « Institutions de La Haye » leur figure véritable et leur profonde signification.

Certes, il existait déjà entre tels ou tels États de nombreux traités créant à la charge des uns, au profit des autres, des obligations et des droits conventionnels. Mais:

1° A l'exception des Unions (postales, télé-
graphiques, etc.), dont l'objet était, nous
l'avons déjà dit, l'organisation de services
d'ordre purement industriel ou économique,
le monde n'avait pas encore connu de conventions vraiment universelles.

2° Les traités politiques internationaux
avaient toujours été de simples règlements
d'intérêts — les uns passés après une guerre
ou un conflit diplomatique, les autres consentis
uniquement pour éviter une guerre ou un
conflit, tous ayant le caractère de transactions
empiriques, dont les termes dépendaient de la
force ou de la faiblesse respective des États en
présence, aucun n'ayant pour source unique
la volonté commune de se conformer à l'idée
supérieure du droit.

Cette volonté commune est, au contraire, la
source de toutes les conventions de La Haye.
Les obligations qu'elles définissent sont communes à tous, égales pour tous; sans distinction entre les grandes et les petites Puissances,
elles ont ce caractère de réciprocité, de mutualité, peut-on dire, où se manifeste le caractère de la loi: *ubi societas, ibi jus.*

On y peut vraiment reconnaître les premiers
traits d'une « Société des Nations. »

Que les sanctions de ces obligations soient
encore incomplètes et insuffisantes, n'en est-il
pas malheureusement ainsi trop souvent pour
bien des obligations du droit privé? Et, d'ail-

leurs, n'en est-il pas de même jusqu'ici pour toutes les obligations internationales qui découlent des nombreux traités politiques enregistrés par l'histoire du monde, et ces traités politiques n'ont-ils pas cependant eu leur valeur, leur force et leur action durable? — Mais ici, les sanctions morales ont déjà pris une autorité toute nouvelle, par le fait même que la garde des traités n'est pas seulement laissée à la bonne volonté d'un ou de deux contractants, mais qu'elle est sous la sauvegarde de toutes les Puissances du monde, puisque toutes y ont donné leur consentement. Enfin, nous l'avons signalé à propos du droit de la guerre, voici déjà que l'idée de sanctions plus efficaces et qui ne seraient pas purement morales s'est dégagée des délibérations de La Haye: pour la première fois, des sanctions pécuniaires sont édictées, des indemnités sont prévues (dans la convention sur les Lois de la guerre terrestre) au cas de la violation des Règlements internationaux.

Enfin, des juridictions sont créées pour garantir l'exécution de certaines de ces conventions: les unes sont encore facultatives, comme la Cour d'arbitrage de 1899, ou incomplètement organisées comme la Cour de Justice arbitrale de 1907. Mais une juridiction internationale, obligatoire et vraiment souveraine, est instituée, pour les Prises maritimes, dans les actes de 1907, et nous avons montré quelle révolution la seule existence d'un tel Tribunal apportait dans les relations des États civilisés.

III

La périodicité des Conférences de la Paix, votée à l'unanimité par l'Assemblée de 1907, n'est pas un fait d'une moindre portée.

Nous avons cité plus haut le paragraphe de l'Acte final du 18 octobre par lequel la Conférence « recommande aux Puissances la réunion d'une 3e Conférence de la Paix. » Elle indique sinon la date précise de cette trois'ème Conférence qu'il appartient aux Gouvernements de fixer, du moins le délai dans lequel elle devrait se réunir, c'est-à-dire dans une période de huit ans, « analogue à celle qui s'est écoulée depuis la Conférence de 1899. »

En votant à l'unanimité cette « Recommandation, après d'assez longues négociations qui en ont complètement mis les motifs en lumière, les représentants des Puissances ont voulu affirmer qu'ils considéraient leurs travaux comme formant une faible partie d'une œuvre beaucoup plus vaste et qui devait se compléter dans l'avenir. C'était le second anneau d'une chaîne dont le premier avait été forgé par les conventions de 1899 et dont les anneaux suivants seraient successivement ajoutés par le labeur continu de l'humanité.

Sans manquer en rien à la reconnaissance due au Souverain initiateur de l'œuvre de La Haye, en proclamant au contraire très hautement ce que le monde devait au Tsar, de même qu'au Président des États-Unis d'Amérique, la Conférence a affirmé que désormais les réunions des Conférences ne dépendraient plus du désir manifesté par tel ou tel chef d'État, mais de la volonté commune de tous les États, résolus à poursuivre régulièrement et périodiquement dans l'avenir l'organisation juridique de la vie internationale. La Conférence de 1907 peut dorénavant prendre son nom véritable: elle a été la seconde session des assises périodiques du monde civilisé.

Et les gouvernements reçoivent de cette décision mémorable un mandat que nul d'entre eux ne songerait à décliner.

Dans l'intervalle de deux Conférences, ils auront le devoir d'assurer l'exécution des votes de la Conférence passée et celui de préparer le travail de la Conférence à venir. L'acte final a demandé, en effet, « que deux ans avant l'époque probable de la troisième Conférence, un Comité préparatoire fût chargé par les gouvernements de recueillir les diverses propositions à soumettre à la Conférence, de rechercher les matières *susceptibles d'un prochain règlement international* et de préparer un programme que les gouvernements arrê-

teraient assez tôt pour qu'il pût être sérieusement étudié dans chaque pays. . . .»

C'est, on le voit, non seulement la périodicité des assemblées générales de la Société des
Nations, c'est la presque continuité du travail
d'étude et de préparation des lois contractuelles
internationales que l'assemblée des représentants des États a entendu réaliser.

Nous ne pensons pas qu'à aucune époque
de l'Histoire, une entreprise plus vaste, et en
même temps plus réfléchie et mieux ordonnée,
ait été tentée pour étendre l'empire du droit
sur le monde.

IV

Tel est le bilan des travaux de la deuxième
Conférence de La Haye.

Nous croyons qu'il se solde par un actif considérable, supérieur à celui que pouvaient
attendre les esprits vraiment réfléchis, soucieux des réalités de la vie politique, et conscients des difficultés, nous pouvons dire des
périls, que soulève toute grande tentative d'action internationale. Nous tenons à dire ici
qu'il n'est pas un de ces résultats auxquels
n'ait travaillé de toutes ses forces la Délégation française.

Dans votre discours à la Chambre des députés, le 7 juin 1907, vous aviez, Monsieur le

Ministre, défini les instructions que le Gouvernement de la République donnerait à ses délégués, vous aviez promis qu'ils tendraient « à favoriser les solutions les plus libérales, à développer l'idée de justice internationale et le progrès de l'arbitrage. » Nous croyons être restés fidèle à ce mandat.

Non seulement par ses votes, mais par ses travaux, ses interventions personnelles, les rapports de chacun de ses membres, souvent par ses initiatives et par ses propositions officielles, il n'est pas un des progrès dont nous venons de donner le tableau auquel la Délégation de la République n'ait, sans relâche, collaboré.

Peut-être ne dépassera-t-elle pas les limites du mandat dont elle rend compte ici, en exprimant, à son tour, un vœu au sujet de la préparation de la troisième Conférence.

Nous souhaitons vivement que, lorsque deux ans avant la réunion de cette troisième Conférence, l'heure viendra d'organiser le Comité préparatoire international prévu par l'acte final de 1907, la France soit prête sur toutes les « matières susceptibles d'un règlement international » à présenter ses conclusions et à les défendre. Un travail continu, dans les quatre ou cinq années qui s'écouleront d'ici là, ne sera pas de trop pour soutenir alors ce noble rôle.

La législation internationale, créée en 1899

et 1907, impose, en effet, à chaque État des
tâches complexes.

Chacun d'eux doit exécuter sans retard les
13 Conventions signées en 1907. L'exécution
de chacune de ces conventions exige des
mesures intérieures, législatives ou adminis-
tratives, et sans doute aussi des négociations
avec les autres États pour que des mesures
d'exécution correspondantes soient prises universellement.

Chacun d'eux doit veiller à ce qu'une suite
soit donnée, dans la mesure possible, aux
vœux, résolutions ou recommandations, par
lesquels la Conférence, là où elle ne pouvait
conclure elle-même, a marqué nettement son
désir de voir les Gouvernements achever son
œuvre. Il nous suffira de citer les négociations
nécessaires pour donner définitivement l'existence à la Cour de Justice arbitrale permanente, dont le fonctionnement est subordonné
à une entente sur le choix des juges.

Enfin chacun d'eux est moralement obligé
d'assurer l'achèvement des ententes partielles
établies entre ses représentants et ceux de
telles autres Puissances, là où ces ententes
n'ont pu réunir l'unanimité des Délégués et
faire corps avec les Conventions définitivement
signées et ratifiées. Il n'est pas possible, par
exemple, que les 32 États qui sont tombés
d'accord pour établir sur certaines matières un
traité d'arbitrage obligatoire, dont ils ont suc-

cessivement adopté tous les articles, ne poursuivent pas, d'ici à la troisième Conférence, les négociations nécessaires à la conclusion de ce traité entre ceux qui l'ont ensemble voté et se sont officiellement réservé « le bénéfice de leurs votes. » Peut-être même suffirait-il de quelques modalités nouvelles pour que, sur certains cas d'arbitrage, on réunît les adhésions de ceux-là même, qui ne se sont pas sentis prêts à traiter en 1907.

En résumé, l'œuvre de La Haye est désormais une œuvre permanente. Ce n'est pas seulement pendant les sessions des Conférences qu'on devra la reprendre et la promouvoir. C'est pour chacun des gouvernements un devoir continuel de la suivre, d'en préparer les développements et d'en hâter les fruits. Nous sommes certains d'être approuvés par vous, Monsieur le Ministre, en disant qu'il y a dans cette noble tâche un exemple à donner par le Gouvernement de la République française.

2

LES DÉBATS DE 1907

(Préface du livre de M. Ernest Lémonon sur la Conférence de 1907)

Le livre de M. Ernest Lémonon rendra les plus grands services à tous ceux, — jurisconsultes, diplomates, membres des assemblées politiques, — qui veulent et qui doivent connaître exactement ce qu'a été la deuxième Conférence de la Paix.

Les éléments de cette étude manquaient presque complètement jusqu'ici.

Les textes des conventions, des déclarations et des vœux, signés à La Haye en octobre 1907, ont bien été publiés, et nous en avons notamment, en France, une édition excellente donnée par un des membres les plus éminents de la Conférence, M. le professeur Louis Renault.

Mais on ne peut connaître la vie même de la Conférence, l'esprit qui l'a animée, le sens et la portée de ses efforts, et le véritable bilan de ses travaux, si l'on ne suit pas les procès-verbaux, non seulement de ses réunions plénières, mais des très nombreuses séances de ses *Commissions, Sous-Commissions, Comités d'Examen,* etc.

Or, en dehors des extraits de quelques discours retentissants, télégraphiés au jour le jour,
pour les besoins de l'actualité, à la presse des
deux mondes, tout cet ensemble des délibérations de La Haye n'a pour ainsi dire reçu
aucune publicité.

C'est l'analyse précise et minutieuse de toutes
les délibérations comme de tous les actes de la
Conférence que M. Ernest Lémonon s'est proposé de mettre sous les yeux de ses lecteurs, et
qu'il nous offre en effet dans un ordre excellent,
avec une clarté et une fidélité parfaites et, nous
ajoutons, avec l'impartialité la plus haute, avec
le seul souci de la vérité historique.

Et les conclusions, qu'il a dégagées de cette
méthodique exposition des faits et qu'il formule
avec une conscience scrupuleuse, permettent de
reconnaître les limites exactes de l'Œuvre de
La Haye; l'auteur ne dissimule rien des points
sur lesquels la Conférence n'a pu aboutir, mais
il sait mettre en une égale lumière les résultats
obtenus, les conquêtes définitivement faites par
l'idée du droit, et les jalons posés, les plans
hardiment tracés, les fondations déjà solidement assises pour l'édifice à venir.

M. Ernest Lémonon a justement rappelé que,
malgré son nom de « Conférence de la Paix, »
l'assemblée où se sont trouvés, pour la première fois, réunis, en juin 1907, les représentants des 44 États qui constituent l'ensemble
du monde civilisé, n'avait pour objet — ni dans

F

son programme préparé par les États-Unis, et repris et proposé par l'Empereur de Russie, ni dans les intentions des gouvernements représentés, — l'établissement de la Paix universelle.

Son but véritable était de former entre ces États un réseau de conventions universelles qui fût comme un premier lien de la Société des nations; c'était encore de créer ou de développer au milieu d'eux des institutions de droit public international, propres à diminuer les risques de la guerre, à en restreindre en tous cas les effets désastreux, et chargées d'établir et de maintenir entre les diverses Puissances une continuité de rapports juridiques; de là naîtrait pour elles l'obligation contractuelle, et surtout la nécessité morale, de se déterminer, soit dans leurs difficultés diplomatiques, soit même dans leurs conflits armés, non plus sous l'impulsion exclusive de l'intérêt et suivant les entraînements de la force, mais selon des principes d'équité mutuelle, de justice et d'humanité, solennellement reconnus et proclamés à l'avance, et placés ainsi sous la sauvegarde de l'opinion du monde entier.

Ce programme est moins ambitieux. Cependant son importance est telle qu'aucune assemblée internationale ne s'en est jamais proposé qui fût aussi hardi ni aussi étendu. La Conférence de 1907 l'a-t-elle, en partie du moins, réalisé?

L'auteur de ce livre répond affirmativement.

Il faut lire ce qu'il dit si justement de la portée considérable des 13 Conventions contenues dans l'acte final du 18 octobre 1907 : Conventions pour le règlement pacifique des conflits internationaux ; pour l'établissement d'une Cour internationale des Prises ; sur la limitation de l'emploi de la force pour le recouvrement des dettes contractuelles ; sur l'ouverture des hostilités ; les lois et coutumes de la guerre sur terre ; les droits et devoirs des puissances neutres dans la guerre continentale et la guerre maritime ; le délai de faveur ; la transformation des navires de commerce en navires de guerre ; la pose des mines sous-marines ; le bombardement ; la Convention de Genève et le droit de capture dans la guerre sur mer, etc. ; il faut lire surtout les termes dans lesquels il apprécie les travaux de la première Commission, dite de l'arbitrage, la Convention limitant l'emploi de la force pour le recouvrement des dettes contractuelles, la revision et la refonte partielle de la Convention de 1899 sur le règlement pacifique des conflits internationaux, le projet de convention pour l'établissement d'une Cour de Justice arbitrale et le vœu émis pour sa mise prochaine en vigueur, enfin la déclaration unanime sur l'arbitrage international obligatoire.

M. Ernest Lémonon nous montre clairement la gravité des points sur lesquels, dans les diverses Conventions votées, les États civilisés

se sont liés par des dispositions précises et
nettement sanctionnées. Il indique également
combien les institutions judiciaires internationales, créées en 1899, ont été en 1907 développées, améliorées, et semblent avoir reçu
l'accroissement d'une force nouvelle; comment, là où certaines autres Conventions n'ont
pu être signées par l'unanimité des puissances,
des majorités considérables se sont d'ores et
déjà formées dans un sens favorable, et permettent d'espérer que d'ici à la troisième Conférence, comme on l'a vu déjà entre la première
et la seconde, s'achèveront sur le terrain du
droit les ralliements définitifs.

Enfin, lorsque la Conférence a dû se borner
à des déclarations et à des vœux, l'auteur de ce
livre sait nous faire admirablement comprendre
quelle force morale se dégage de ces manifestations collectives de la volonté des nations,
qui s'imposera peu à peu aux gouvernements
eux-mêmes dans les directions générales de
leur politique, et grandira jusqu'à devenir
irrésistible.

Cette confiance dans la puissance toujours
croissante des forces morales, dans l'action
continue de l'idée du droit, a certainement
pénétré à La Haye les représentants de tous
les États; c'est parce que la Conférence avait
cette foi dans l'avenir, qu'elle s'est sentie
obligée de fixer elle-même une date pour la
réunion d'une nouvelle assemblée universelle. A

l'avance, on convoque une troisième Conférence pour enregistrer, semble-t-il, des résultats déjà escomptés et inévitables, et, contre
tous les scepticismes, on affirme ainsi, solennellement, que, pendant huit années, la préparation de cette troisième Conférence attirera
toutes les pensées, tous les efforts de l'humanité civilisée.

Nous souhaitons que le livre de M. Ernest
Lémonon soit également lu par les amis et par
les adversaires de la Conférence de 1907. Aux
uns, il causera une satisfaction légitime; aux
autres, il inspirera sans doute un jugement
plus équitable, et donnera, nous l'espérons, le
désir de collaborer désormais à la grande
œuvre de droit qui, lentement, mais sûrement,
s'accomplit.

3

L'EMPIRE DU DROIT

(Discours prononcé au Palais du Luxembourg
à l'occasion de la Réception
des Délégués français et américains
à la Conférence de La Haye
par le Groupe parlementaire de l'Arbitrage
le 14 novembre 1907)

Messieurs,

Permettez-moi tout d'abord d'exprimer ma profonde gratitude à mes Collègues du Groupe de l'Arbitrage. De tout cœur, au nom de la Délégation française comme en mon nom personnel, je les remercie de la réception si cordiale et si éclatante à la fois, qu'ils ont organisée aujourd'hui.

Et je veux remercier particulièrement, mes chers Collègues, votre Président, mon ami d'Estournelles. Je ne vous parlerai pas longuement de lui, de son dévouement passionné aux idées de notre groupe, de l'autorité avec laquelle il les représente en France et au dehors. Tout cela, vous le savez autant que moi. Je veux seulement vous dire à quel point, pendant notre longue et quelquefois difficile Conférence de La Haye, il a été pour le Président de la

Délégation française le collaborateur le plus dévoué, le plus désintéressé, le plus énergique, celui dont l'ardeur ne s'est pas un instant ralentie, celui dont la volonté persévérante a le plus certainement contribué, en 1907 comme en 1899, aux progrès qu'a faits à La Haye la grande cause de l'arbitrage international.

Messieurs, je veux aussi remercier personnellement M. le Président du Sénat et M. le Président de la Chambre d'avoir bien voulu, le premier par ses éloquentes paroles, le second par sa présence, affirmer l'étroite union qui groupe autour de l'idée qui nous est commune, toutes les fractions du grand parti républicain, tous ceux qui sont également conscients des intérêts inséparables de la patrie et de la démocratie française.

A leurs noms, je joins celui de notre collègue Decrais qui a, avec trop de bienveillance, mais avec tant de finesse et de force, exprimé son sentiment sur nos travaux et manifesté la raison qu'il y trouve d'avoir confiance dans l'avenir.

Enfin, à vous, monsieur le Président du Conseil, et à vous, mon cher ami, monsieur le Ministre des Affaires étrangères, je le dis aussi cordialement: Votre présence témoigne à quel point, pendant les quatre mois et demi qu'a duré notre Délégation, nous nous sommes sentis, profondément et à toutes les heures, en parfait accord. Cela a été pour nous d'un prix inestimable dans l'effort que nous avons soutenu, et cela est, permettez-moi de le dire, un encouragement précieux, une marque de confiance et d'espoir pour tout ce qui reste à faire.

Je viens de parler de notre effort. Quelqu'un, Messieurs, a été, là-bas, notre conseiller et notre guide; et je peux dire, sans rien exagérer, qu'il a été bien souvent le guide de la Conférence tout entière. Messieurs, vous venez de l'applaudir, c'est notre maître en droit, M. Louis Renault. Que de fois les jurisconsultes des autres pays, et même parmi nos adversaires, sont venus lui demander ses conseils! Que de temps il a consacré à mettre sur pied, à mettre en bonne forme, les projets de nos collègues! Nous lui reprochions de se tant dépenser, de ne pas assez ménager ses forces. Il nous répondait, en riant de son bon et large rire bourguignon: « Je tiens à leur montrer que si je suis presque le doyen, je suis toujours le plus résistant et le plus vigoureux, et qu'aucun d'entre eux ne me lassera. » Il ne s'est jamais lassé, en effet. Il a été le rapporteur des Conventions principales; il a été le rédacteur de l'Acte final de la Conférence. On avait en lui une telle confiance et son autorité était tellement reconnue par tous que les rédactions émanées de lui faisaient foi, et je crois qu'aux derniers jours de nos travaux, il eût fini par faire adopter tous les textes qu'il nous aurait présentés. On l'a nommé là-bas le pilier de la Conférence, et c'est justice de dire que la science juridique française lui devra, dans l'histoire, un de ses plus beaux triomphes.

Messieurs, le temps me manque pour rendre ici à chacun des collaborateurs français de notre Délégation le témoignage qui leur serait dû. Mais je vois ici et je tiens à saluer d'autres collègues que j'oserai aussi appeler nos collaborateurs et que je ne puis passer sous silence. Je ne pourrai jamais dire à quel point notre Délégation a été soutenue dans sa tâche par les Délégations des deux Amériques. A les voir, les unes et les autres également attachées à l'œuvre commune, y travaillant avec nous sans aucune négociation préalable, spontanément et par la faculté d'un même esprit, par le besoin d'un même cœur, il nous semblait qu'il y avait là l'action unique d'une seule délégation, celle des Républiques du monde entier.

Nous avons tous éprouvé, tout à l'heure, une grande joie en entendant les paroles par lesquelles nos hôtes d'aujourd'hui rendaient hommage au génie de la France. Messieurs, ce génie s'est vraiment renouvelé chez eux, au contact des forces vives de leur jeunesse. Nous savons maintenant que, de même qu'ils ont, dans le passé, trouvé chez nous des modèles, nous pouvons à notre tour aller chez eux chercher des exemples.

Mais je n'oublie pas, mes chers Collègues, que nous ne nous sommes pas réunis ici seulement pour saluer les bons ouvriers, mais pour fêter l'œuvre elle-même. C'est une idée qui nous groupe. Cette idée a-t-elle progressé avec nous? Avons-nous obtenu à La Haye des résultats réels qui semblent nous donner. confiance pour l'avenir?

A cette question, très simplement, parlant en témoin, non plus en acteur ou en combattant, je crois qu'il est possible de répondre affirmativement.

Oui, avec notre maître et ami Renault, nous pouvons dire: En 1907, l'empire du droit s'est étendu dans le monde.

J'entends bien que l'on raille et que l'on plaisante l'œuvre de la Conférence. Je dirai même que ces railleries sont à la portée de tous. Et je connais, depuis longtemps, ce mot que vous avez lu comme moi dans certaines journaux, et même dans quelques grands journaux français: « La Conférence a fait faillite. »

Je connais, disais-je, ce mot depuis longtemps. Non seulement on l'a prononcé bien avant la fin de nos travaux, — car nous avons pu lire des articles nécrologiques sur la Conférence plus d'un mois avant sa clôture, — mais déjà, je l'avais aussi entendu après la Conférence de 1899. Il n'a pas empêché alors certains résultats de se produire, qui ont été très importants pour la paix du monde. On vous rappelait tout à l'heure, non seulement les quatre grands arbitrages qui ont été portés, entre 1901 et 1907, devant la Cour permanente de La Haye, mais surtout cette Commission d'enquête de Hull qui a évité un conflit entre deux des plus grandes puissances du monde. Ce sont là seulement quelques résultats de la faillite de 1899. Eh bien, admettons que nous avons de même fait faillite une seconde fois, et tenons-nous prêts à déposer de nouveau notre bilan.

Messieurs, le temps nous manquerait aujourd'hui pour exposer ce bilan de la Conférence. Je voudrais, en quelques mots seulement, vous rappeler quelques-uns de ses résultats matériels, et peut-être aussi la portée générale de ses résultats moraux.

Nous n'avons pas eu la pensée que d'autres semblent avoir de réformer d'un seul coup l'humanité tout entière. Nous voudrions que les esprits positifs qui nous jugent si sévèrement veuillent bien examiner avec nous si les Conventions de 1907 sont sans valeur positive, si les résultats sont vraiment si négligeables.

N'est-ce rien que d'avoir signé les treize Conventions dont M. Renault vous a parlé et dont plusieurs touchent aux points les plus difficiles, les plus dangereux mêmes des règles de la guerre?

De ces conventions, les unes établissent, pour le respect des personnes et des biens, dans

la guerre sur terre et dans la guerre sur mer,
des règles de droit dictées par le sentiment de
l'humanité. Est-ce donc là déjà chose négligeable?

Mais d'autres vont plus loin. Elles constituent, quoique visant directement le droit de
la guerre, des garanties véritables pour la
paix.

Telle est la convention relative à l'ouverture
des hostilités. — Établir pour la première fois
une procédure de la déclaration de guerre,
n'est-ce pas donner non seulement à l'adversaire de demain, mais à l'opinion universelle,
un avertissement solennel qui peut permettre
les plus utiles, les plus efficaces interventions?

Et ces Conventions qui fixent les droits et
les devoirs des neutres, sur terre et sur mer,
pour les considérer comme indifférentes, il faut
ne rien se rappeler des événements les plus
récents, il faut ignorer ce que représentent de
risques de guerre pour les neutres, c'est-à-dire,
en somme, pour l'immense majorité des nations,
l'incertitude où l'on était jusqu'ici des obligations réciproques des belligérants et des
neutres.

Je n'insiste pas, Messieurs; vous lirez, j'espère, prochainement, lorsqu'ils seront com-
muniqués aux Chambres, les textes de ces
Conventions. Vous verrez ce que leur établissement a nécessité d'efforts, et vous saurez en
mesurer, comme l'ont fait les délégués des

États à La Haye, les sérieux et considérables résultats.

Mais je n'oublie pas que j'ai dit moi-même à la Conférence qu'il ne s'agissait pas seulement de l'organisation pacifique de la guerre, qu'il fallait songer à l'organisation juridique de la Paix.

En m'exprimant ainsi, mes chers collègues, je n'entends pas faire allusion à la question du *Désarmement.* Cette question, ne l'oubliez pas, avait été, par les négociations antérieures à la réunion de la Conférence, formellement écartée de son programme. Certains États, parmi les plus considérables, n'avaient accepté de venir à La Haye qu'à cette condition expresse.

Comment pourrait-on reprocher à la Conférence de s'être dès lors bornée sur ce point à une déclaration platonique, à un rappel, très pressant d'ailleurs et très énergique, du vœu dont j'avais eu l'honneur d'être le rédacteur en 1899?

Du reste, Messieurs, nous qui sommes des partisans résolus de l'arbitrage et de la paix, nous tenons à le dire nettement: le désarmement, à nos yeux, est une CONSÉQUENCE et n'est pas une PRÉPARATION.

Pour que le désarmement soit possible, il faut d'abord que chacun sente que son droit est assuré. C'est la sécurité du droit qui doit d'abord être organisée. Derrière ce rempart, les nations désarmeront facilement, puisqu'elles n'auront plus les craintes qui les obligent à s'armer aujourd'hui.

C'est le droit qui doit continuer à être l'objet premier des conférences universelles. Pour ceux qui veulent la paix, créer et garantir le droit entre les nations comme entre les individus, là est le but véritable, car, Messieurs, la paix sans le droit, ce n'est pas la paix.

Qu'a donc fait la Conférence de 1907 pour accroître ces liens de droit qui forment peu à peu la trame nécessaire de la paix internationale?

M. Louis Renault, en analysant plusieurs des conventions signées le 18 octobre, vous a donné déjà de nombreux exemples de ces conquêtes du droit. Et je me garderais de répéter ce qu'il vous a si bien dit.

Mais dans le seul domaine de la Commission de l'arbitrage que j'ai eu l'honneur de présider, que de résultats utiles nous avons le devoir de signaler!

Quand vous aurez sous les yeux les procès-verbaux des 64 séances qu'ont tenues, soit dans leurs comités d'examen, soit en sous-commissions, soit en séances plénières, les membres de cette grande Commission de l'arbitrage, vous jugerez de son labeur.

Vous reconnaîtrez les modifications profondes apportées à la Convention de 1899 sur le règlement pacifique des conflits internationaux, au fonctionnement de la juridiction arbitrale et particulièrement des commissions d'enquête; vous verrez combien la procédure a été simplifiée et précisée, rendue moins coûteuse, et comme ont été largement ouvertes pour l'avenir, à tous les États, les portes du prétoire international.

Vous comprendrez l'importance de l'amendement apporté à ce célèbre article 27 de la Convention de 1899, qui a créé entre les États, pour la première fois, un lien véritable de solidarité contractuelle. En 1907, nous avons pu faire décider par le nouvel article 48, qu'au cas où un conflit surviendrait entre deux Puissances, « l'une d'elles pourrait toujours adresser au bureau international une note contenant sa déclaration, qu'elle serait disposée à soumettre le différend à un arbitrage. » Ainsi, toute nation, si petite et si faible qu'elle soit, lorsqu'elle se croira en danger de guerre, pourra adresser sa déclaration de recours à l'arbitrage au bureau international, et celui-ci, obligatoirement, devra faire connaître cette déclaration à l'autre puissance. Mais, dans ce bureau, ne l'oublions pas, tous les États sont représentés. N'est-ce pas quelque chose que d'avoir permis ainsi à la voix du faible de se faire entendre de tous, et la force de l'opinion qui s'élèvera en sa faveur ne sera-t-elle pas d'une puissance telle qu'elle pourra balancer la puissance matérielle de l'État le plus redoutable?

J'abrège, Messieurs. Mais je ne peux pas oublier cette convention par laquelle les États se sont interdits de recourir à la force pour le recouvrement des dettes contractuelles, à moins d'un refus d'arbitrage de l'autre partie. C'est à nos collègues d'Amérique, dont nous sommes heureux de saluer ici tant de représentants éminents, que revient l'honneur de cette clause si importante, dont la première pensée appartenait à notre collègue Drago, et dont la proposition définitive et le vote à la Conférence sont dus à l'ancien ambassadeur des États-Unis à Paris, le général Porter.

Enfin, Messieurs, nous avons élevé au milieu du monde la première juridiction internationale proprement dite: la Cour des Prises. On a dit que c'était une institution bien spéciale, qu'il s'agissait du droit particulier de la guerre maritime, et de cas qui ne se présenteraient que rarement. Cela est-il vraiment si peu de chose? Et n'a-t-on pas des exemples historiques de captures de navires qui ont failli mettre aux prises de grandes nations neutres et belligérantes? Un navire de commerce est capturé. Le tribunal de l'État capteur juge de la validité de la capture, et c'est, jusqu'à présent, le seul recours du capturé. Voici maintenant qu'une Cour supérieure aux juridictions nationales est créée, que le capturé aura recours devant elle contre la décision du tribunal national qui l'a condamné. Et voici que

devant l'univers civilisé, une sentence internationale sera rendue qui brisera la décision
injuste du tribunal national des prises. N'est-
ce pas le droit s'élevant enfin au-dessus des
intérêts et des passions des États? Et n'est-il
pas vrai qu'aucune juridiction aussi haute n'a
jusqu'à nos jours existé dans le monde?

Et, Messieurs, ne l'oublions pas: toutes les
Conventions dont je viens de vous donner une
vue sommaire ne sont pas des projets, mais des
réalités. Elles sont comprises dans l'acte final
de La Haye, revêtu de la signature de tous les
États représentés et je n'imagine pas qu'une
seule puissance ose y refuser, dans les délais
prévus, sa ratification définitive.

Il est d'autres conventions pour lesquelles
nous n'avons pu arriver à un résultat aussi
complet. Il en est dont le texte même n'est pas
parvenu jusqu'à l'honneur de l'acte final, dont
les principes seuls y figurent, sous la forme
provisoire de résolutions ou de déclarations.

Telle est la convention relative à l'établissement d'une cour permanente de justice
arbitrale. A la grande Cour d'arbitrage de
1899, beaucoup de jurisconsultes souhaitaient
d'ajouter un tribunal ayant un petit nombre
de juges, vraiment permanents, et chargés de
statuer sur les affaires les plus urgentes et les
plus simples. La Conférence a voté en effet
l'ensemble des articles créant ce tribunal, en ré-

glant la compétence et la procédure. L'œuvre de droit est donc accomplie. Mais on n'a pu se mettre d'accord sur le mode de nomination et de répartition des juges. Comme l'a dit en riant notre rapporteur, Louis Renault, la machine existe, il n'y manque que de la mettre en mouvement. La Conférence a invité les Gouvernements à poursuivre les négociations nécessaires à cette mise en mouvement. Et c'est un des points sur lesquels j'ai l'assurance que le Gouvernement de la République ne manquera pas de répondre au vœu des délégués de La Haye.

Resterait cette grande question de l'arbitrage obligatoire qui a fait si longtemps l'objet de nos travaux, mais mon collègue Renault vous a trop bien dit tout ce que j'aurais pu vous en dire moi-même. Et je ne veux pas affaiblir, en le reprenant, la force de son exposé.

Je rappellerai simplement ces deux faits:

Les 44 États représentés à La Haye ont signé, dans l'Acte final, une déclaration unanime: 1° reconnaissant le principe de l'arbitrage obligatoire; 28 déclarant, pour certains différends, notamment ceux relatifs à l'interprétation des Conventions internationales, qu'ils pouvaient être soumis à l' « *arbitrage obligatoire sans aucune restriction.* » Quand une cause obtient, de l'unanimité des États civilisés, un témoignage d'adhésion aussi éclatant, ne fût-ce là qu'une victoire morale, qui pourrait dire

que cette cause n'est pas près d'être gagnée
dans les faits?

Mais il y a plus: Une convention organisant
pratiquement l'arbitrage obligatoire pour les
objets visés dans cette déclaration a été longuement discutée. Tous les articles en ont été
successivement votés par des majorités considérables, allant jusqu'à 35 voix sur 44, et
l'ensemble même de cette convention a été
voté en fin de compte par 32 États — contre
9 non et 3 abstentions — sur 44 États représentés. Et lorsque, pour se conformer à la
tradition diplomatique qui veut que l'unanimité soit acquise à une convention pour être
incorporée à l'acte final, les 32 États résolus à
organiser l'arbitrage obligatoire ont consenti
à adopter la déclaration de principe que j'ai
citée devant vous, ce fait s'est produit — et
je n'ai pas besoin d'en signaler l'importance
— qu'ils ont stipulé dans la déclaration même
« qu'ils se réservaient le bénéfice de leurs votes »
et par conséquent se réservaient d'en dégager
plus tard les conséquences pratiques inévitables.
Est-ce là, je le répète encore, chose négligeable?
Et quand 32 États, dont quelques-uns comptent parmi les plus grands du monde, ont
marqué leur volonté de ne rien laisser prescrire
de leurs accords, de les réaliser aussitôt qu'ils
trouveront venues l'heure et les circonstances
favorables, n'avons-nous pas le droit d'avoir
bon espoir et de nous tourner avec confiance

vers le Gouvernement de la République pour
lui demander de donner à ces résolutions les
suites nécessaires? Je suis, Messieurs, en
parlant ainsi, bien sûr d'être entendu.

Enfin, n'est-ce donc rien encore que d'avoir
décidé — comme l'a fait à l'unanimité la Conférence — que dans une période analogue à
celle qui s'est écoulée entre 1899 et 1907, une
troisième Conférence serait réunie, et que, deux
ans avant l'époque de cette réunion, un comité préparatoire international serait chargé
de préparer le programme et le règlement des
travaux de la troisième Conférence de la Paix?

Ne voyez-vous pas que nous avons à l'avance
constitué, pour ainsi dire, les assises périodiques, sinon permanentes de l'humanité?

Voilà les faits. Vous les jugerez.

Pour nous, nous avons eu le sentiment très
net d'avoir fait une œuvre, certainement imparfaite, comme toute œuvre humaine, et
même, sur certains points, temporaire et de
pure attente, mais sur tous les points, sérieuse
et bonne, et, pour une large part, déjà solide
et véritablement concrète et pratique. Nous
croyons qu'elle peut attendre le jugement du
temps.

Certes, il n'y a rien de *sensationnel*, — suivant un mot cher à la presse d'aujourd'hui, —
dans les délibérations de La Haye. Que voulez-
vous, j'ai grande envie de m'en réjouir. Dans

les affaires internationales, les choses sensa-
tionnelles sont toujours des choses redoutables.
Gardons-nous bien d'en désirer et d'en préparer.

Il n'a rien été fait non plus, nous dit-on, de
définitif. Est-ce à des membres du Parlement
qu'il est besoin de demander s'il connaissent
beaucoup de réformes intérieures qui sont de-
venues définitives dans une seule session légis-
lative? . . . Et l'on voudrait qu'une session
internationale ait suffi pour l'organisation du
droit et de la paix entre toutes les nations?

Je sais bien qu'il a été de bon ton, chez quelques-uns, de nous féliciter de notre villégiature prolongée au bord de la mer, et des dîners
célèbres qui ont réuni souvent les délégués.

Mes chers collègues, je ne sais pas combien
il y a eu de dîners, mais je sais bien qu'il y a
eu environ 150 séances de commissions et de
comités, qui ont singulièrement coupé notre
villégiature, et que j'en ai, pour ma part, présidé une soixantaine. Il me semble tout de
même que nous avons un peu travaillé.

Et si l'on compare les résultats de 1907 à
ceux de 1899, on évaluera facilement le travail
fait et le chemin parcouru. En 1899, vingt-
deux États seulement vinrent à La Haye. En
1907, par les délégués de 44 nations, vraiment
le monde entier s'est trouvé pour la première
fois représenté. — Aux trois Conventions de
1899, s'ajoutent aujourd'hui les treize Conven-

tions de 1907. — En nous séparant en 1899,
bien peu parmi nous croyaient à une seconde
Conférence. Nous nous sommes quittés cette
année en nous donnant rendez-vous dans huit
ans environ, pour la troisième session des assises internationales. — Et même sur ce terrain si difficile de l'arbitrage obligatoire, quel
chemin fait depuis notre première réunion!
En 1899, le principe même de l'arbitrage obligatoire a été délibérément éliminé; il est aujour-
d'hui reconnu, comme la loi de demain, pour tout
un ensemble de différends par l'unanimité des
nations, et ceux-là mêmes dont l'opposition
n'a pas permis la signature d'une convention
définitive, ont eu grand soin de proclamer
qu'il n'y avait plus, de leur part, aucune objection contre le principe; que des scrupules
d'ordre juridique, des difficultés touchant aux
modalités de son application les arrêtaient
seules, si bien qu'une sorte de mise au point est
peut-être simplement nécessaire pour déterminer les ententes définitives.

Mes chers collègues, avant de terminer ce
long exposé, permettez-moi de lire ces quelques
lignes, que j'écrivais au Président du Groupe
parlementaire de l'Arbitrage international en
1904:

« Au-dessus des Gouvernements, une puissance souveraine a pris naissance qui disposera bientôt des destinées du Monde. — Il a

toujours existé une puissance de l'opinion, mais c'était une force passagère et dont la direction variait suivant les passions ou les intérêts du moment. La puissance nouvelle a une autre origine. Elle doit porter un autre nom: elle s'appelle la conscience universelle. Elle puise ses inspirations dans les principes de la Morale et du Droit. Elle en a la fixité et la force et c'est à eux qu'elle doit sa bienfaisante action. »

Combien cela est devenu plus vrai aujourd'hui! Oui, il y a quelque chose de nouveau dans la politique internationale.

Certes, la paix n'est point faite et le droit n'est point assuré, pas plus entre les nations qu'entre les individus eux-mêmes.

Mais la volonté réfléchie d'obtenir ces garanties essentielles du travail et du progrès humain s'accroît rapidement chez tous les peuples et il devient chaque jour plus difficile aux Gouvernements de se soustraire à cette action de la conscience générale.

Nous en avons nous-mêmes bien souvent senti les effets à La Haye, alors que dans les discussions les plus vives, tous se réclamaient en somme des principes supérieurs du droit et s'efforçaient de les concilier avec leurs causes particulières.

D'une façon avouée, il ne s'agissait plus de la lutte des intérêts particuliers des diverses puissances; chacun essayait de se montrer soucieux avant tout de l'intérêt général et commun; il semblait qu'il n'y eût en présence que des thèses opposées de droit.

Une vie nouvelle nous est certainement apparue, cette vie de la communauté internationale dont la règle essentielle est le respect réciproque des droits des nations.

Grandes et petites, celles-ci se sont toutes reconnues souveraines, c'est-à-dire toutes égales en droit, toutes tenues réciproquement et solidairement aux mêmes devoirs. Ne sontce pas là les bases mêmes de la Société des nations, et comme les fondements de la cité universelle?

Et les organes de cette véritable Société des nations, les institutions juridiques qui régleront son existence ont déjà pris naissance. Certains de ces organes, comme la Cour des Prises, sont déjà complètement adaptés à leurs fonctions; les autres, quoique imparfaits, comme la Cour d'arbitrage, et les commissions d'enquête, ont largement fait leurs preuves. D'autres encore incomplets attendent, comme la cour permanente de justice, un achèvement indispensable, mais tous sont en voie de développement assuré.

Pour que cette Société des nations prenne définitivement sa forme, sa constitution, son équilibre, il faut du temps, de la patience et de la foi.

J'ajouterai qu'il faut aussi de la bonne foi.

Il ne faut pas laisser dire qu'il y a dans cette solidarité de la vie des nations quelque chose qui puisse amener un affaiblissement du sentiment de la patrie. Ce serait blasphémer également la patrie et l'humanité.

Ai-je besoin de le répéter? Bien loin que l'idée de patrie subisse de cette haute conception morale une atteinte, un amoindrissement, il semble qu'elle devienne, pour les citoyens de chacune des nations unies par le droit, plus pure, plus sacrée, plus intangible, puisqu'elle s'identifie ainsi toujours davantage avec ce qu'il y a de plus noble dans la conscience humaine. Là-bas, nous le sentions profondément, chaque fois que les représentants des nations faisaient effort pour se rapprocher de l'idée supérieure du droit, c'était comme une glorification nouvelle de l'idée de patrie, mise au-dessus des injustices.

Je n'en veux pas d'autres témoins que vous, mes chers collègues des Républiques du Nouveau Monde, qui avez travaillé si ardemment avec nous, à l'organisation juridique de la Société des États, et qui avez si souvent, et avec tant d'éloquence, revendiqué les droits et affirmé les espérances des jeunes nations appelées, pour la première fois, à la délibération universelle.

Messieurs, laissons rire les sceptiques et s'agiter les impatients. Pour nous qui avons tâché d'être à La Haye, modestement, mais résolument, les fidèles serviteurs du droit, nous apportons ici notre témoignage et nous affirmons que, plus d'une fois, dans ces grandes salles du Binnenhof, nous avons entendu des paroles qui, dans aucune assemblée diplomatique, n'auraient été dites il y a quelques années, des paroles où passait le souffle de la conscience universelle.

Laissons les sourds ne pas entendre. Nous, — n'est-ce pas vrai, mes chers collègues? — nous avons entendu là-bas, bien lents encore, mais déjà réguliers et distincts, les premiers battements du cœur de l'humanité.

TROISIÈME PARTIE

LA SOCIÉTÉ DES NATIONS

LA SOCIÉTÉ DES NATIONS

DISCOURS PRONONCÉ
A L'ÉCOLE DES SCIENCES POLITIQUES LE 5 JUIN 1908

Mesdames, Messieurs,

Je suis vraiment embarrassé, et vraiment ému, en prenant pour la première fois la parole dans cette chaire de l'École des Sciences politiques.

Je ne sais, en effet, comment m'excuser auprès de l'École, qui, depuis plus de cinq mois, m'a fait le très grand honneur de m'offrir la présidence de cette réunion, et qui l'a remise de mois en mois, jusqu'ici, avec tant de bonne grâce. L'état de ma santé a été la seule cause de tous ces retards bien involontaires. Il me laisse encore malheureusement aujourd'hui bien peu de forces et je vous demanderai votre indulgence s'il ne m'est pas possible de vous parler de l'objet de notre réunion et du maître que nous venons y fêter comme j'aurais voulu pouvoir le faire.

Je connais bien, sans y avoir pris part, l'enseignement de cette grande École. Je compte parmi ses maîtres plus d'un ami. Et j'étais heureux de venir vous dire combien, dans

mes fonctions diverses, j'ai trouvé d'excellents
collaborateurs parmi ses anciens élèves. —
Ceux qui se forment ici ne puisent pas seulement dans son enseignement les connaissances
spéciales les plus exactes et les plus profondes,
mais ils prennent aussi, autour de ces chaires,
à l'exemple de leurs maîtres, ces habitudes
d'esprit et de caractère qui leur ont permis de
donner, dans les carrières publiques, tant de
preuves de haute culture intellectuelle et de
forte valeur morale.

Enfin, Messieurs, je n'oublie pas les excuses
personnelles que je dois aussi à mon ami Louis
Renault pour lui avoir fait aussi longtemps
attendre sa seconde apothéose.

Je suis vis-à-vis de lui dans une situation
vraiment difficile. L'usage est que le Président
d'une conférence présente le conférencier à
l'auditoire. Aujourd'hui, c'est le conférencier,
professeur depuis tant d'années dans cette
chaire, qui devrait bien vous présenter le Président étranger!

Que vous apprendrais-je sur lui que vous
ne sachiez mieux que moi? Je sais par une
expérience récente quel est le respect, quelle
est l'affection, dont l'entourent tant de générations d'élèves. L'an dernier, j'avais l'honneur de présider à la Faculté de Droit la séance
où l'on fêtait le vingt-cinquième anniversaire de
son Enseignement, et j'ai pu m'associer à une
des plus émouvantes manifestations de grati-

tude qu'un maître puisse souhaiter de ses élèves et de ses collègues. — N'en est-il pas de même ici, et quelle parole pourrais-je prononcer en l'honneur de Renault, qui ne fût devancée par vos esprits et, plus vite encore, par vos cœurs!

Aussi, me ferais-je un scrupule de retarder plus longtemps le plaisir que vous attendez de l'entendre et de l'applaudir.

Vous avez la parole, mon cher ami.

. . . . . .

Après la Conférence de M. Louis Renault,[1] M. Léon Bourgeois reprit la parole en ces termes:

Messieurs,

Après l'exposé si complet et si impartial que M. Renault vient de faire des résultats de la Conférence de La Haye, — exposé dans lequel il s'est dégagé de son rôle d'acteur principal pour se borner à celui d'équitable témoin, — il me reste en vérité bien peu de choses à vous dire sur nos travaux.

Mais, en tout cas, il faut que j'acquitte une dette envers M. Renault lui-même, à qui est due une si grande part de l'œuvre accomplie en 1907. Je vois ici un certain nombre de nos collègues de La Haye; en votre nom à tous, je les salue avec joie et je suis sûr que c'est en leur nom comme au mien que je peux parler ainsi de Renault et lui rendre ce témoignage.

[1] Voir *Annales des Sciences politiques*, 15 juillet 1908.

Ils se le rappellent, comme moi, pendant ces quatre mois et demi, prenant part à toutes les discussions de nos cent cinquante séances, rédigeant entre temps ses lumineux rapports, guidant les esprits sur les terrains les plus difficiles, conseillant les uns et les autres, consulté au besoin par ses adversaires les plus considérables, — ce qui ne l'empêchait pas de les combattre ensuite avec toute sa redoutable bonne humeur. — Enfin, couronnant merveilleusement sa tâche dans ce rôle de rapporteur général, où nous l'avons vu réunir entre ses mains tous les textes délibérés, pour les ordonner, les classer, les distribuer à nouveau, souvent les éclaircir et en préciser les rédactions par quelque retouche hardie que chacun ensuite approuvait, puisqu'elle venait de lui, du maître véritable de l'Acte final, de l'auteur de ce magistral rapport général — qui, je l'espère, finira bien par être lu par les journalistes — de celui en qui nous étions si heureux de voir, là-bas, acclamer, par tous, notre grande École française de Droit.

Messieurs, après avoir écouté le discours de M. Renault, vous pouvez vous rendre enfin compte de ce qu'a vraiment été, malgré tant de vaines railleries, l'œuvre de La Haye.

L'entreprise a été des plus nobles, elle a été poursuivie avec une grande bonne volonté, une extrême bonne foi, par les représentants des nations, des civilisations les plus diverses,

qui bien souvent ont eu le courage de subor-
donner à une idée supérieure les intérêts particuliers les plus respectables. Elle a ainsi abouti
à tout un ensemble de conventions, de résolutions et de vœux, — et cet ensemble contient
des parties définitives d'une importance considérable. D'autres parties sont inachevées,
mais non point abandonnées, car des plans sont
tracés et des fondations sont solidement
posées pour la reprise et pour l'achèvement de
l'œuvre.

Il est d'abord un trait essentiel de cette
entreprise, sur lequel je veux revenir.

Le nom de « Conférence de la Paix » a
donné lieu à bien des malentendus. Je ne
voudrais pas, pour ma part, le voir abandon-
ner, car il répond à une vérité profonde. Mais
il a fait naître de fâcheuses illusions et, par
suite, d'injustes mécontentements.

Quel a été véritablement l'objet de nos conférences de 1899 et de 1907; quel sera l'objet
de nos conférences futures ?

Tout d'abord, faut-il le répéter, ce n'est point
le désarmement des nations; ce n'est pas même
en 1907, la limitation des armements, puisque
cette question a été préalablement et expressément exclue, par les puissances, du programme
de nos délibérations.

Ce ne pouvait pas être davantage, comme
certains ont paru s'y attendre, l'institution
directe, immédiate de la paix universelle. La

G

paix est le but vers lequel les peuples s'acheminent, et vers lequel, à La Haye, nous avons aussi voulu marcher, — mais on ne décrète pas la paix universelle.   Et, pour nous rapprocher de la paix, nous savions bien que la route véritable n'était pas celle du désarmement, qui semble courte mais que barrent d'infranchissables obstacles, mais bien celle du Droit, longue, aride et rude, mais qui seule peut conduire au but.

C'est l'organisation juridique de la vie internationale qui a été l'objet réel de tous nos travaux.   Le désarmement progressif sera la conséquence d'un état de paix de plus en plus stable; mais le seul moyen d'arriver à cet état de stabilité dans la paix, c'est l'établissement du droit et le respect assuré de ce droit entre les États.

Il y a dès maintenant dans l'ordre économique une vie internationale d'une intensité singulière.

Les intérêts industriels, agricoles, commerciaux, financiers, des divers pays se pénètrent tellement, leur réseau resserre tellement ses mailles qu'il existe en fait une communauté économique universelle.   Mais cette communauté n'est point constituée suivant les règles du droit; c'est un marché qui obéit aux seules lois de la concurrence, où la chance, l'audace, la force sont les conditions du succès.   Est-il possible de s'élever de cette communauté de fait à une communauté d'un ordre supérieur, de constituer entre les nations qui la composent un ensemble de liens de droit qu'elles acceptent également et qui forment entre elles une société véritable? Et si cet état de droit parvient à s'établir et à durer entre les États, ne sera-ce pas par là même l'établissement d'un état de paix — et de paix réelle et profonde, de paix *vraie*, puisque, nous l'avons dit bien souvent et nous ne cesserons de le redire, la paix sans droit n'est pas, ne peut jamais être vraiment la paix!

C'est à cette œuvre, qu'en 1907 comme en 1899, nous n'avons pas cessé de travailler.

Dans quelle mesure y avons-nous réussi?

N'est-ce pas déjà un événement considérable que le fait même d'une telle entreprise?

Au lendemain des événements les plus graves, après un choc qui avait mis aux prises deux grands empires et menacé par instants la paix des deux continents, quarante-quatre États formant l'ensemble du monde ont pu délibérer, pendant plus de quatre mois, sur les problèmes les plus difficiles, les plus redoutables même, — car quelques-uns d'entre eux éveillaient de récents et cruels souvenirs, — et cela sans qu'un trouble même passager ait jamais traversé leurs délibérations.

Et les représentants de ces quarante-quatre États ont pu mener à bien le vote de nombreuses Conventions, dont l'esprit est uniquement l'esprit du droit, dont les clauses ont été déterminées, non comme dans les traités habituels, par la force plus ou moins grande des contractants, par ce qu'on a appelé « les conditions de puissance relative » des uns et des autres, mais uniquement par le souci supérieur de l'Humanité et de la Justice, comme si elles étaient dues à l'inspiration de quelque jurisconsulte idéal, réglant, en dehors de toute considération d'intérêt particulier, l'ensemble des rapports nécessaires entre des États égaux en droit.   Quel esprit attentif pourrait nier la nouveauté et la portée d'une telle expérience?   Et n'y a-t-il pas là comme une révolution véritable dans les relations des peuples civilisés?

Non certes, on n'avait jamais tenté cette entreprise de créer une législation internationale qui fût à la fois contractuelle et permanente, qui pût successivement s'étendre à tous les objets du droit public, fixer, même pour les questions politiques les plus graves, dans l'état de paix comme dans l'état de guerre, les obligations réciproques des États, quelle que fût leur puissance ou leur faiblesse, simplement suivant les données de la science du droit.

Pour que cela fût possible, il fallait d'abord que cette règle supérieure fût acceptée par tous, de se conformer aux leçons du droit. — Et tous, en somme, ont fidèlement accepté ce point de vue commun, qui a été celui de tous nos travaux.

Il fallait ensuite que tous se fissent une idée commune de ce droit supérieur qu'il s'agissait d'appliquer. Il fallait qu'on comprît qu'il découlait tout entier de ce principe que les nations sont des personnes morales égales en droits, parce qu'elles sont souveraines, c'est-à-dire libres; égales en obligations, parce qu' étant libres elles sont responsables. Ici les stipulations ne pouvaient plus être, comme dans les traités politiques, consenties au profit de tel ou tel, et contre tel ou tel autre. Tous devaient stipuler pour tous. Toute obligation devait être mutuelle. Il ne devait y avoir, au regard des institutions nouvelles, ni grands ni petits États. Il ne devait également y avoir qu'une juridiction commune devant laquelle tous, petits et grands, parussent en égaux.

Or, Messieurs, c'est bien cet esprit qui a animé toutes nos délibérations de 1907, comme déjà il avait commencé à inspirer celles de 1899. Et c'est lui que nous retrouverons à toutes les pages, dans ces treize Conventions, dans ces déclarations et ces vœux dont M. Renault vous a si clairement dressé le tableau. Certes on n'a pu faire pénétrer les règles du droit dans tous les domaines de l'action inter- nationale. Il a fallu s'abstenir de conclure sur bien des sujets et le champ reste immense — pour les Conférences suivantes — des questions sur lesquelles il n'a pas été possible de s'ac- corder. Mais qu'un accord se soit établi déjà

sur tant de points que vous a signalés notre
rapporteur général, que tant d'obligations réciproques, dans la paix et dans la guerre, aient
été déjà consenties par tous les peuples, que
tant de liens de droits mutuels soient formés
entre eux, est-ce donc peu de chose? Et
n'avons-nous pas eu raison de dire que, de la
communauté de fait que le développement
économique a formé entre les peuples du globe,
commencent à se dégager les traits d'une
société véritable, d'une société juridique des
nations?

Messieurs, nous connaissons les objections
et les critiques qui peuvent être présentées ici.
Certaines des obligations réciproques inscrites
dans les conventions de La Haye sont des obligations purement morales. Certaines autres
sont conditionnelles et l'examen desdites conditions est plus d'une fois laissé au jugement
de l'État intéressé. Enfin, pour celles qui sont
acceptées sans conditions ni réserves, qui ont
ainsi vraiment le caractère d'obligations juridiques, quelles sanctions pourront être ap-
pliquées en cas d'inexécution des conventions?
Où est la gendarmerie internationale qui en
assurera le respect?

Il faut regarder en face ces objections, afin
d'en bien voir à la fois la force apparente et la
faiblesse réelle.

Disons un mot d'abord des obligations conditionnelles. Il s'agit de certains engagements

que les États n'ont consentis que « sous réserve
de certains intérêts vitaux » ou « sauf en cas
de nécessité militaire absolue, » dont ils de-
meurent juges.   Il y a là évidemment, et on n'a
pas manqué de le signaler à la Conférence, un
droit d'appréciation souverain qui transforme
en obligation morale l'engagement consenti.
Mais, comme l'a déclaré tout à l'heure M. Renault, devait-on tenter l'impossible ?   Et d'ailleurs, ne pouvons-nous pas rappeler avec
quelle insistance solennelle les délégués des
États qui ont tenu à insérer ces conditions (par
exemple dans le Règlement international de la
guerre) ont marqué le scrupule qu'auraient
leurs officiers à en faire usage.   Au surplus,
est-il vrai qu'une obligation morale ne soit pour
un État qu'une obligation vaine, inexistante ?
Est-ce vrai surtout lorsque, pour garants d'une
telle obligation, il existe non pas comme dans
les traités ordinaires, une ou deux puissances
intéressées, mais l'ensemble des États du
monde ?

Il y a d'ailleurs dans nos conventions un
grand nombre d'obligations nettement juridiques, sans conditions et sans réserves, telles
que le sont les clauses les plus rigoureuses d'un
contrat quelconque de droit privé.   Le temps
nous manque ici pour vous en donner un
tableau que vous trouverez, d'ailleurs, dans
le Rapport officiel que publiera prochainement
la Délégation française.   M. Renault vous en

a cité quelques-unes, parmi les plus importantes.

Mais, dit-on encore, il n'y a pas de sanctions
suffisantes même pour les obligations vraiment juridiques, puisqu'il n'y a pas de force
armée internationale. Les nombreux traités
politiques dont est faite l'histoire internationale n'ont pas eu non plus de sanctions de ce
genre. Ont-ils cependant été sans durée, sans
force, sans efficacité ?

Il y a, du reste, pour quelques-unes des
obligations inscrites aux conventions de 1899,
des sanctions nettement prévues, — sanctions
pécuniaires, par exemple, en cas de violation
des lois conventionnelles de la guerre ; — il y
a des juridictions établies, et l'une de ces juridictions, la Cour des Prises, est obligatoire.
Si les juridictions internationales créées en
1899 ou depuis n'ont point de force armée à
leurs ordres, les sentences qu'elles ont rendues
n'ont-elles cependant pas été exécutées ? Les
plus grands États militaires n'ont-ils pas obéi
aux décisions arbitrales ? Pourquoi, dans
l'avenir, en irait-il autrement, alors que, nous
le répétons, c'est le monde entier qui a signé
les contrats nouveaux, et en garantit, avec une
autorité sans égale, la loyale exécution ?

Le nier, c'est méconnaître la puissance d'une
force qui grandit tous les jours dans le monde :
celle de l'opinion. Ce que nous devons chercher dans le domaine des choses internatio-

nales, ce n'est pas la sanction dans le sens pénal de ce mot. Ce qui nous importe, ce n'est pas un châtiment après la faute, c'est un obstacle préalable à la violation des engagements. Or, qui peut méconnaître la puissance de l'action qu'exerce aujourd'hui, à toute heure, en tout lieu, même sur les gouvernements les plus despotiques, la pression continue de l'opinion, — non pas seulement celle que peut inspirer le sentiment du droit et de l'honneur, mais celle qui naît des craintes légitimes que le moindre trouble entre deux États cause aux intérêts de tous les autres, incessamment engagés dans l'échange universel !

C'est cet obstacle à la violation du droit qu'élèvent, entre les États, les conventions de La Haye. En fixant nettement, avec le consentement de toutes les Puissances, les limites de leurs droits et de leurs devoirs réciproques, en montrant clairement à tous ce qu'elles ont promis de faire ou de ne pas faire, elles donnent non pas seulement aux juridictions arbitrales le texte de leurs décisions, mais à cette juridiction, également souveraine, de l'opinion universelle, les motifs d'une sorte de jugement préalable qui agira presque toujours assez fortement sur la volonté des deux parties pour les rappeler au respect de leurs engagements.

Nous avons parlé des sanctions pécuniaires que la Convention et le *Règlement de la guerre sur terre* ont prévues, et nous avons dit com-

bien était significative une pareille nouveauté.
Voici deux grands États qui sont en guerre,
deux armées puissantes en présence, qui n'auraient hier connu d'autre loi que la force,
d'autre frein qu'un sentiment bien vague encore des devoirs de l'humanité. Voici qu'un
petit article de la Convention se dresse entre
les Chefs de ces armées ; voici qu'ils entendent,
par ce texte de quelques lignes, la voix même
de tous les autres États leur dire : « La Puissance au nom de laquelle vous commandez,
s'est engagée solennellement, non seulement
envers votre adversaire d'aujourd'hui, mais
envers nous tous, à faire tels actes, à s'abstenir de tels autres ; et elle s'y est engagée
pour ceux qui commandent et pour ceux qui
combattent en son nom — pour tous, généraux, officiers, sous-officiers ou soldats ; — si
vous violez cette loi, consentie par vous-même,
vous êtes déclarés responsables, et il y a des
juges, jugeant au nom de l'humanité tout
entière, qui vous jugeront et vous condam-
neront. » — Quel spectacle nous donne, Messieurs, cette image du droit se levant tout à
coup au milieu des armées, et soyez-en sûrs,
s'imposant à la force militaire la plus puissante,
grâce au soutien d'une force plus puissante
encore, à la volonté du monde civilisé.

Messieurs, ne nous arrêtons pas aux polémiques. Élevons-nous au-dessus d'elles, pour

considérer dans leur ensemble les problèmes posés par les conférences de La Haye. — Tâchons de bien voir ce qu'ils ont de vraiment nouveau, ce qu'ils ont donné déjà de résultats heureux, et ce qu'ils peuvent promettre pour l'avenir.

Le but de la Conférence de La Haye est, nous l'avons montré, l'organisation juridique de la vie internationale, la formation d'une société de droit entre les nations.

Pour que cette société pût naître et pût vivre, il fallait réunir les conditions suivantes:

1° Le consentement universel des États à l'établissement d'un système juridique international.

2° L'acceptation par tous d'une même conception du droit commun à tous, d'un même lien entre grands et petits, tous égaux dans le consentement et dans la responsabilité.

3° L'application précise et détaillée de ces principes, successivement à tous les domaines des relations internationales, domaine de la paix comme de la guerre, — et, en même temps, la codification d'un certain nombre d'obligations réciproques, les unes encore morales et conditionnelles, les autres, sans conditions ni réserves, vraiment juridiques et dont la non-exécution constituerait une rupture de la convention, une mise hors la Société.

4° L'organisation de sanctions efficaces, morales ou matérielles, et de juridictions internationales permettant d'assurer l'exécution des lois internationales.

De ces conditions, les trois premières sont réalisées depuis 1899 entre vingt-six États, depuis 1907 entre tous les États civilisés. Une société de droit est formée et le Code international a déjà défini un grand nombre des règles juridiques qui en constituent les véritables statuts.

Si l'organisation est encore incomplète, si les sanctions pécuniaires, par exemple, ne sont encore prévues que dans un article de la convention sur les règles de la guerre terrestre, nous avons montré qu'il ne manque pourtant point de sanctions efficaces, morales ou matérielles, pour la garantie des engagements consentis.

Enfin, si l'organisation de la juridiction internationale de l'arbitrage est encore incomplète, si cette juridiction est facultative, le principe de l'obligation de l'arbitrage a été reconnu à l'unanimité comme nécessaire, et comme applicable sans réserves à certains conflits, et 32 États sont prêts à l'organiser effectivement et sans délai pour les mêmes différends; — enfin, même dans deux cas: recouvrement des dettes contractuelles—et règlement des questions de prises, sous des formes différentes, le recours à la juridiction internationale est d'ores et déjà obligatoire pour tous les États.

La Société des nations est créée. — Elle est bien vivante.

En s'ajournant à huit ans, pour une nouvelle assemblée, les représentants des puissances ont marqué la volonté commune de ne pas se désintéresser de son existence et d'assurer sa stabilité, son développement par de nouvelles extensions du régime du Droit.

Pour être sûr de n'exagérer en rien ce jugement, j'en emprunterai la formule à l'un de nos plus éminents collègues, au doyen des ambassadeurs à La Haye, au regretté comte Tornielli.

A la réception officielle de janvier dernier à l'Élysée, parlant au nom du corps diplomatique, il disait : « Des problèmes que la Science ellemême n'avait pas encore osé aborder trouvèrent des solutions inattendues. Sur la base de vérités déjà acquises au patrimoine commun de la civilisation, la conciliation d'intérêts, jusqu'alors considérés comme les plus divergents, a pu être l'objet d'efforts qui ne sont pas demeurés stériles. Ce spectacle, dans lequel le rôle de la France était tracé par ses nobles et grandes traditions, est des plus réconfortants. La diplomatie du monde entier, placée désormais à la tête du mouvement des idées, peut, à juste titre, en tirer les plus heureux présages pour un avenir certain de justice et de paix. Le principe de la justice internationale supérieure appliquant sa propre loi n'a pas été seulement proclamé, mais il est entré dans la pratique des nations. »

Messieurs, j'ai bien souvent dit que le droit était le seul fondement solide de la paix des Nations.

En poursuivant l'organisation du Droit, la Conférence de 1907 n'a donc pas manqué aux devoirs que lui imposait son titre de Conférence de la Paix.

Le monde l'a compris. Et c'est ainsi que le prix Nobel a été justement donné cette année au jurisconsulte qui, à La Haye, a le plus puissamment contribué à cette organisation du Droit.

Ce soir, messieurs, nous avons doublement le droit d'en être fiers, — puisque ce jurisconsulte est un Français et un des maîtres les plus aimés de cette École.

Mon cher ami, soyez non pas félicité par nous, mais remercié pour l'honneur qui, une fois de plus, revient par votre mérite à la science et à la pensée françaises.

CONSEIL EUROPÉEN DE LA DOTATION CARNEGIE POUR LA PAIX INTER-NATIONALE

Séance du Mercredi 29 Mai, 1912
(après-midi)

« Je suis tout à fait confus, dit M. Léon Bourgeois, de l'honneur que vous me faites en me priant de prendre place à ce fauteuil. Mon ami d'Estournelles de Constant a eu soin de vous dire, — et il a bien fait d'insister sur ce point, —que cet honneur ne s'adressait pas au représentant du Gouvernement français. Il est entendu que le Conseil des ministres n'a pas ici de délégué officiel, puisque nous sommes dans une institution libre et autonome, relevant uniquement de l'initiative privée. Vous me permettrez seulement de vous dire, à titre tout personnel, que le Gouvernement de la République ne saurait être indifférent à votre œuvre si noble et si généreuse, et que, s'il n'a pas à patronner ouvertement une entreprise qui a la fierté de son indépendance, cela n'empêche pas son cœur de battre et son cerveau de penser.

« Je suis donc ici, au milieu de vous, en

collègue venu pour prendre place au milieu de
ses collègues, et c'est pourquoi je m'excuse
d'avoir accepté la présidence, ne fût-ce que
pour quelques instants. Je suis membre,
comme vous, du Conseil de la Dotation Carnegie
pour la Paix Internationale, mais je suis aussi
l'ancien Président d'une des Commissions de
la seconde Conférence de la Paix, et puisque
j'ai la joie de retrouver dans cet auditoire le
visage ami de quelques-uns de ceux qui furent
à La Haye mes collaborateurs, je puis bien
dire que cette participation aux travaux de la
Conférence restera le plus beau souvenir de
ma vie. S'il m'était donné de vivre encore
assez longtemps, si ma santé qui décline et
l'état de ma vue qui m'interdit certains labeurs
me le permettaient encore, mon vœu le plus
cher serait de pouvoir représenter mon pays à la
troisième Conférence et d'y travailler avec
certains d'entre vous au triomphe des grandes
idées qui nous sont communes.

« J'ai écouté tout à l'heure avec le plus vif
intérêt le résumé que mon ami d'Estournelles,
qui tenait à La Haye non pas le marteau pré-
sidentiel, mais la plume, — et vous savez que
la plume est souvent plus difficile à manier que
le marteau, — le résumé, dis-je, qu'avec son
habileté de secrétaire impeccable, il nous a fait
des délibérations de notre Conseil Consultatif.
Je manquerais à mon devoir si, avant de vous
dire ce que je pense de votre œuvre, je ne pro-

nonçais pas, avec le sentiment de la reconnaissance la plus profonde et la plus déférente, le
nom du grand bienfaiteur à qui nous devons
d'être réunis ici, Andrew Carnegie. N'est-ce
pas à lui, Messieurs, et à ceux qu'il a associés,
à New-York comme à Washington, à sa fondation magnifique, que doit aller en cet instant
notre première pensée? Je me souviens, nous
nous souvenons avec émotion d'avoir vu à
La Haye Andrew Carnegie, si simple, si bon, si
joyeux à l'idée du bien qu'il allait faire; il nous
semble le voir encore, posant la première pierre
de ce Palais de la Paix dont le rôle dans l'avenir
devrait être, et sera, j'en ai la conviction profonde, si décisif pour le bonheur de l'humanité.

« Mais il y a un autre Palais de la Paix que
celui dont M. Carnegie a jeté dans une paisible
ville du Nord les fondations grandioses, et c'est
encore à ce grand homme de bien que nous en
serons redevables. Il a voulu en poser aussi
la première pierre, non plus cette fois sur le sol,
mais dans le domaine des réalités morales.
Oui, il est un autre Palais de la Paix qui s'élève
lentement, par les efforts concertés d'un groupe
d'hommes de bonne volonté venus de tous les
pays de l'Europe, et c'est l'œuvre qui nous
réunit en ce moment. Son créateur a pensé
que, pour que le progrès s'accomplît, il ne suf-
fisait pas de mettre à contribution la beauté des
choses périssables, le choix raffiné des matières
premières, le talent des artistes qui sculptent

le marbre et cisèlent le métal, mais qu'il fallait, à l'aide de ce ciment qui s'appellent l'amour, rapprocher les esprits, les consciences et les cœurs. Orphée autrefois, par la musique de ses chants, charmait les bêtes et contraignait les pierres elles-mêmes à se plier à ses lois. Eh bien! il faut à notre époque, pour dompter les passions déchaînées, des Orphées plus puissants encore que celui de la légende!

« Ce qui met obstacle à notre action, Messieurs, vous ne l'ignorez pas, ce ne sont pas les volontés réfléchies et conscientes: celles-là sont incapables d'une hostilité intraitable et vraiment pernicieuse. Non, ce qui est redoutable, pour nous, c'est l'ignorance. Vous savez bien, — vous l'avez dit et vous l'avez marqué par vos résolutions, — que si notre cause est encore si loin du triomphe, c'est parce qu'on s'obstine à la méconnaître. Vis à vis des réfractaires, c'est à la seule persuasion que nous devons recourir. Lorsque nous aurons fait la propagande nécessaire pour convaincre des adversaires dont la plupart, heureusement, sont des hommes de bon.vouloir, qui croient bien faire en agissant comme ils agissent, nous aurons accompli le principal de notre tâche, parce que nous nous serons créé des alliés là où nous n'avions d'abord que des ennemis. C'est donc, comme vous le disiez si bien tout à l'heure, mon cher d'Estournelles, et comme l'indique le titre même de la division dont nous

dépendons, une œuvre d'éducation qu'il nous
faut entreprendre.

« Aussi, comme je comprends et comme
j'approuve l'initiative que mon cher collègue
M. Paul Eyschen a proposée à votre dévouement ! Avec sa fine bonté et sa profonde connaissance des hommes, il vous a demandé
d'appeler à votre aide les Muses, ces immortelles
pacificatrices, et de créer ou de provoquer la
création d'une anthologie qui réunirait les
chefs-d'œuvre que les savants, les poètes, les
écrivains, les musiciens, les artistes de tous les
temps et de tous les pays ont consacrés à la
gloire de la Paix. Faire voir, entendre et comprendre à tous, même et surtout aux enfants de
nos écoles, ce que les plus grands génies de
l'humanité ont laissés sur ce sujet, humain par
excellence, c'est là une idée admirable, dont
nous devons tous être reconnaissants à M.
Eyschen, et je suis bien certain que tous ceux
à qui vous allez en parler se mettront de tout
cœur à l'ouvrage, pour qu'un jour l'humble
plante qui, grâce à vous, se sera embellie de la
petite fleur bleue de l'idéal, devienne l'arbre
aux frondaisons magnifiques sous lequel le
genre humain viendra se reposer, confiant et
joyeux !

« C'est encore une œuvre d'éducation au sens
le plus élevé du mot, que nos collègues Zorn et
Lammasch nous proposent, en demandant à
la Dotation de les aider à fonder dans les pays

de langue allemande une revue de Droit international. J'ai toujours été de ceux qui
pensent que c'est sur le roc indestructible du
droit que tout l'édifice de la Paix doit s'élever.
Et que cette idée soit la vôtre, à vous, mon
cher Zorn, et à vous aussi, mon cher Lammasch,
voilà qui n'est pas fait pour me surprendre.
Car vous avez à La Haye, dans des conditions
très difficiles, avec un très noble courage,
soutenu la bonne cause, celle que vous défendrez
dans la revue dont la Dotation Carnegie, je
l'espère, enrichira bientôt votre pays.

« Enfin, vous avez encore une autre ambition,
celle d'éclairer l'opinion publique, en permettant à la vérité d'arriver jusqu'à elle, et l'on
peut dire que, venant de l'homme politique
très dévoué que vous êtes, mon cher La Fon-
taine, cette idée coule de source! En sou-
haitant la création d'une agence d'informations
qui, loyalement, sans recourir à aucun moyen
de corruption ou de fraude, jetterait des vérités
sur le marché aux nouvelles, vous voulez
réagir contre la circulation de ces rumeurs
désastreuses qui, à certaines époques de tension
que nous connaissons trop bien, hélas! peuvent
déchaîner les pires catastrophes.   Il me semble
que la formule est des plus simples et des plus
pratiques. Vous voulez, en somme, contrôler
au passage les informations erronées ou mal-
veillantes, et opposer aux déformations plus
ou moins volontaires de la réalité les faits

replacés sous leur véritable jour. Voilà, certes, un moyen de rendre à notre cause des services inappréciables! On dit généralement que toute la responsabilité des événements incombe à ceux qui tiennent en main le gouvernail. Mais ce sont les irresponsables, ceux qui forment le gros du troupeau, qui, à l'heure décisive, en vertu de l'élan qu'ils ont reçu, achèvent le mouvement commencé. N'oublions pas, en effet, que, de plus en plus, dans les bouleversements de ce monde, l'impulsion suprême viendra des masses. Éclairer ces masses profondes et les défendre contre leurs propres entraînements, il n'est pas de besogne plus nécessaire. Oh! elles ne nous en seront pas reconnaissantes, tout d'abord, ces foules que des meneurs intéressés apaisent ou soulèvent à leur gré, mais plus tard, quand leur éducation sera faite, quelle sécurité pour elles, et quel soulagement pour les chefs d'État qui, aujourd'hui, aux heures décisives où se joue l'existence des nations, se voient obligés, malgré la révolte de leur cœur, de prononcer le mot fatal, quitte à dire plus tard avec une tristesse infinie: « Que voulez-vous? Je n'y pouvais rien; l'opinion publique était déchaînée: je devais obéir, sous peine d'être déclaré traître à mon pays! »

« En somme, mes chers collègues, ce que vous demandez à la Dotation Carnegie, par les résolutions que vous venez de prendre, c'est de révéler

le *beau*, d'enseigner le *droit*, de propager le *vrai*.
Eh bien! laissez-moi vous dire toute ma
pensée. J'oublie que j'ai l'honneur d'être des
vôtres; je ne veux être, en ce moment, que
l'écho de la conscience publique qui vous voit
à l'œuvre, qui recueille vos paroles et enre-
gistre vos actes; oui, je suis l'homme, le bon
Français, qui passe dans la rue, qui monte vos
cinq étages et qui, pénétrant dans cette salle
où tout est sourire et lumière, vous crie:
« Merci pour ce que vous avez fait déjà; merci
pour tout ce que vous ferez encore! »

« La satisfaction que j'éprouve, mes chers
collègues, à saisir sur le vif les résultats de votre
bienfaisante activité m'est d'autant plus douce
qu'elle s'accompagne, lorsque je fais un retour
sur moi-même, d'un peu de mélancolie. Je suis
de ceux qui touchent au soir de la vie. De
cruelles épreuves, la maladie, le mauvais état de
mes yeux, tout cela détermine en moi, à certaines heures, une grande tristesse que je combats de la seule façon qui soit honorable,
par un redoublement d'attachement aux
nobles idées qui ont illuminé ma route. Mais
plus je sens que mon action personnelle sera
moindre désormais, plus je goûte de joie à
penser qu'il y a autour de moi, ici même, des
hommes qui veulent, non pas vivre leur vie,
comme on le dit stupidement aujourd'hui,
mais vivre la vie des autres!

« Oui, il est réconfortant pour moi de me

retrouver dans cette maison avec quelques-uns de ceux que je suis fier d'avoir eus pour collaborateurs à La Haye et qui, restés fidèles à nos convictions communes, n'ont pas cessé d'aller de l'avant, le flambeau à la main, en bons serviteurs de l'humanité. Je vois ici Mme de Suttner, dont il n'est pas possible de prononcer le nom sans se sentir pénétré de reconnaissance et de respect; je vois mon éminent collègue, M. Moret, qui a quitté tout exprès son pays pour faire profiter votre Conseil de son admirable expérience des hommes et des choses; Moneta, ce vétéran dont le cœur n'a pas de rides; Fœrster, que les luttes pour la Paix reposent des luttes pour la science; Charles Richet, toujours sur la brèche, toujours enthousiaste et toujours prêt à l'action par la parole, par la plume et par l'exemple. . . .

« Mais à quoi bon citer des noms et distinguer des dévouements? Il me suffit de savoir ce que vous avez fait, les uns et les autres, pour emporter la certitude que l'idée est en marche, et que l'avenir nous appartient. Ayons confiance, mes chers amis, et semons sans nous lasser le bon grain qui, demain, nourrira les nations affamées de vérité et de justice!

« Messieurs, nous allons nous séparer. Mais il est encore un nom qui doit monter de nos cœurs à nos lèvres, et que tous, j'en suis sûr, vous avez déjà exprimé tout bas. Puisque celui qui le porte ne peut pas être parmi nous, puisque l'âge et la maladie, pour la première fois peut-être, ont eu raison du grand vieillard devant qui nous nous inclinons tous avec une vénération profonde, que le nom de Frédéric Passy soit prononcé ici comme celui en qui se résument toute notre foi dans le présent, tous nos souvenirs dans le passé, toutes nos espérances dans l'avenir. Redire ce nom glorieux, c'est communier dans une même pensée d'admiration et de respect, c'est nous unir pour souhaiter avec une ferveur unanime que, pendant de longues années encore, notre Maître puisse continuer au milieu de ses disciples l'apostolat qu'il poursuit, depuis près de trois quarts de siècle, avec une obstination sublime. Je vous propose, en terminant, mes chers collègues, de décider qu'à l'issue de cette séance, une délégation se rendra auprès de M. F. Passy, pour lui porter, avec nos vœux ardents pour le rétablissement de sa santé, l'assurance de notre attachement filial. »

LE RÔLE DE L'ŒUVRE DE LA HAYE
DANS LA VIE INTERNATIONALE

A l'occasion du « Congrès du chômage » qui s'est réuni à Gand, au moment de l'Exposition universelle, M. Léon Bourgeois a fait (le 6 septembre 1913) une conférence sur l' « Organisation internationale de la Puissance sociale » d'où nous détachons la conclusion suivante qui se réfèr à l'œuvre de La Haye:

Messieurs, le long exposé que nous venons de faire se résume en ces termes précis: A l'universalité des risques sociaux, il faut opposer l'universalité de la prévoyance et de l'aide sociale, et non seulement il faut opposer cette prévoyance universelle à chacun des risques successifs que nous avons tout à l'heure énumérés, organiser la prévoyance contre les maladies évitables, contre les accidents, contre l'invalidité, contre la perte du travail, contre le dénuement de la vieillesse, contre l'abandon des enfants par la mort du chef de famille, mais encore la prévoyance sociale universelle doit envisager le risque social universel qui naît de l'accumulation de ces risques partiels, celui qu'ils font courir, non plus seulement à l'individu, mais à la société tout entière, puisque chaque perte de capital humain est un amoindrissement pour elle, puisque chaque perte

évitable, indue, donc injuste, de santé, de bien-
être, de vie de l'un quelconque de ses membres,
constitue un appauvrissement matériel et moral
pour l'ensemble des autres hommes, une cause
de trouble pour les esprits, de révolte pour
les consciences, une menace de rupture du lien
social, un danger pour l'ordre, pour l'équilibre et
pour la paix.

Créer par l'entente des hommes de bonne
volonté de toutes langues, de tous pays, de
toutes croyances, de toutes races, le réseau des
protections et des assurances qui empêchera
de naître et de se développer ces troubles
sociaux, c'est notre tâche. Nous avons résolu
de nous y consacrer, et c'est une date qui peut-
être comptera dans l'histoire que celle de cette
réunion où les trois grandes Associations, qui
résument actuellement l'effort social dans le
monde, ont pris publiquement la résolution de
coordonner leurs méthodes et leurs efforts et
d'affirmer leur volonté d'agir désormais en
commun et de signer contre l'ennemi universel
l'alliance défensive et offensive que nul homme
civilisé, dorénavant, ne dénoncera.

Messieurs, faisons-nous un rêve? Assez
d'exemples nous sont déjà donnés d'institutions internationales, ayant une existence
assurée, une utilité reconnue de tous, vivant
grâce à l'entente et à la contribution des États
associés, et rendant à chacun d'eux, par

l'étendue mondiale de leur action, des services qui valent au centuple les sacrifices consentis. On avait craint les oppositions des intérêts et des amours-propres nationaux; ils ont cédé à l'esprit d'entente et de réciprocité.

Est-il besoin de vous en citer la longue énumération?

C'est *le Bureau international des poids et mesures*, qui poursuit partout l'unification indispensable aux progrès de la science et des arts techniques.

C'est *l'Union postale universelle* qui, sans souci des frontières, forme de tous les pays contractants un seul territoire pour l'échange réciproque des correspondances, réalisant ainsi l'uniformité des taxes et la liberté du transit.

C'est *l'Union pour la protection de la propriété industrielle*, qui garantit à tous les citoyens de chaque État contractant dans tous les autres États de l'Union, les avantages respectifs que les lois accordent ou accorderont aux nationaux.

C'est le bureau de la télégraphie, celui pour la répression de la traite, l'office international de santé, etc.

Et nous ne parlons pas des innombrables Associations internationales qui préparent aujourd'hui, comme nous, dans la liberté de leurs délibérations, les études d'où sortiront bientôt de nouvelles conventions, de nouvelles lois internationales.

C'est tout un monde nouveau qu'on sent en formation, ce sont les organes de l'humanité nouvelle qui prennent vie peu à peu.

Hélas, je sais bien qu'à l'heure où je parle, les adversaires de nos œuvres croiront pouvoir invoquer ce qu'ils appellent l'échec d'une autre institution, celle à l'établissement de laquelle, mon cher président, nous travaillions ensemble il y a six ans : la grande institution d'arbitrage international fondée par les conventions de La Haye.

Il y a quelques jours, on inaugurait à La Haye le Palais de la Paix, et l'on faisait, dans la petite presse des deux mondes, des plaisanteries faciles sur la coïncidence tragique qui faisait ouvrir les portes de cet édifice, consacré à la souveraineté du droit, à l'heure même où s'achevait, dans l'Orient de l'Europe, le plus affreux des conflits sanglants.

Messieurs, rappelez-vous le mot de Bastiat : « Il y a ce qu'on voit et ce qu'on ne voit pas. »

Non, l'œuvre de La Haye n'a point fait faillite ; il suffirait, pour l'établir, de rappeler les services que la grande Cour d'arbitrage a déjà rendus au monde en permettant à de grands États comme la Russie et l'Angleterre, comme la France et l'Allemagne, comme les États-Unis et le Japon, d'éviter, grâce à l'intervention d'arbitres impartiaux et indépendants, les conflits diplomatiques d'où pouvait tout à coup sortir la guerre.

Il serait encore facile de dire simplement que toute chose humaine est imparfaite et que l'on ne peut pas espérer qu'en quelques années sera accomplie cette révolution, plus grande que toutes les révolutions qui ont jusqu'à présent secoué le monde, qui substituera le règne de l'ordre et de la justice à celui de la force et de la violence. Mais, en prenant, dans toute leur tristesse, les faits qui ont ensanglanté l'Orient de l'Europe et permis aux sceptiques, aux indifférents, aux égoïstes de dénoncer une fois de plus la faillite de la conscience humaine, n'est-il pas nécessaire de mettre en regard l'émotion douloureuse que ces faits ont soulevée au contraire dans l'opinion du monde entier, et l'action énergique que cette opinion, expression d'un état nouveau de la conscience universelle, n'a cessé d'exercer, dans le sens de la justice et de la paix, sur la conduite des Gouvernements intéressés, directement ou indirectement, dans le conflit ?

Je me garderai bien ici de faire la moindre allusion politique, mais ce n'est pas faire de la politique, c'est faire simplement de la psychologie collective que de constater que c'est bien l'opinion européenne, l'opinion des hommes de travail et d'affaires, celle de l'ensemble de la masse laborieuse, qui a empêché la généralisation de la guerre. Je ne veux pas savoir s'il y a eu des désirs secrets, des espérances inavouées. Rien de tel n'a pu prendre corps, et, pour la première fois peut-être, le concert des grandes puissances s'est réuni, non pour régler entre elles quelque partage de conquêtes, mais pour assurer leur désintéressement réciproque dans la lutte engagée, leur volonté de limiter le champ, de préparer l'arrêt des hostilités et d'assurer, dans la mesure du possible, un équilibre de droits entre les États combattants.

Messieurs, ne sentons-nous pas les résolutions qu'a fait naître dans tous les esprits le spectacle des horreurs de cette dernière guerre et particulièrement des luttes fratricides au milieu desquelles elle s'est achevée? Aujourd'hui, chacun de nous ne s'est-il pas demandé si vraiment de telles choses sont encore de notre temps et si la volonté commune des nations ne devrait pas peser sur ceux qui sont responsables pour empêcher de pareils retours?

Messieurs, une observation bien simple nous permet de mesurer cette force croissante de l'opinion, qui entend agir chaque jour davantage sur les directions de la politique internationale dans le sens de la conciliation et de la paix: il n'est pas jusqu'aux augmentations d'armements que, devant l'opinion, on ne justifie désormais uniquement comme une garantie de la paix. C'est un paradoxe, et c'est cependant en partie une vérité. Si nous insistons quelque peu, on nous démontrera que c'est aussi une *organisation internationale de la prévoyance sociale!* Mais elle est terriblement coûteuse, et chacun se demande s'il ne serait pas bien plus économique et bien plus sage de tâcher de substituer une organisation également internationale, également de prévoyance, mais où l'équilibre d'où naît la paix serait cherché dans la définition des droits des uns et des autres et non dans le calcul respectif de leurs forces menaçantes.

C'est à peu près ce que disait hier le chancelier de l'Échiquier en Angleterre: « Chacun est persuadé que cet état de choses ne peut pas durer. » Les charges ne peuvent toujours s'accroître, sans qu'à un moment quelconque le contribuable, qui dit en somme le dernier mot en toutes choses, ne déclare qu'il n'est plus en état de supporter le fardeau.

Ne croyez pas, Messieurs, que je me sois laissé, autant qu'il peut paraître, éloigner de notre sujet. Il en est de la lutte des classes comme de la lutte entre les États. Il sera moins coûteux de régler par la prévoyance mutuelle et collective les rapports de droit nécessaires entre les frères ennemis, le capital et le travail, et cela sera non seulement moins coûteux, mais cela sera plus moral et plus digne d'une humanité qui se prétend consciente.

Or, cette prévoyance est possible. J'ai dit tout à l'heure que ce n'était pas un rêve quand trois grandes Associations comme les nôtres, où sont réunis des hommes d'études et des hommes d'action, ont chacune déjà abordé et

heureusement résolu le problème de la prévoyance pour quelques-uns des risques particuliers qu'elle s'est proposé de combattre;
quand chacune d'elles a déjà inspiré aux différents États de nombreuses lois nationales et
internationales déjà entrées en pratique et
dont le bienfait peut être calculé et reconnu;
quand elles n'en sont plus à des plans généraux
d'action, mais aux applications les plus précises
et les plus délicates; quand, en somme, leur
expérience des choses sociales est certaine et la
preuve de leur influence efficace déjà établie
par de nombreux faits. Il ne s'agit plus de
théories et de doctrines, il s'agit d'un plan
scientifique, méthodique et pratique de réalisation. En un mot, il s'agit d'action.

Je suis heureux que la bonne nouvelle de cette
sorte de croisade de civilisation parte aujour-
d'hui de la grande et noble ville de Gand, qui
donne au monde, dans cette admirable Exposition, un témoignage si éclatant de sa puissance
économique, et qui nous a réservé à nous-
mêmes une si cordiale et si large hospitalité.
Messieurs les Représentants de la Ville de
Gand, j'ai déjà cité quelque part ce souvenir
qui m'est resté d'une réunion antérieure de
notre Association du chômage dans votre cité.
J'ai rappelé cette belle soirée de 1911 où les travailleurs, ouvriers et patrons, appartenant les
uns et les autres à tous les partis politiques,

s'étaient réunis dans une grande fête artistique
pour encourager et pour fêter notre action
sociale. Il n'y avait ce jour-là ni catholiques,
ni libéraux, ni socialistes. Il y avait des
citoyens gantois, tous également résolus à
travailler d'un même cœur à la bonne œuvre
commune, et le concert, d'une si haute valeur
artistique, qui nous était donné dans le Casino
de votre ville par les Sociétés musicales appartenant à vos différentes corporations, semblait
ingénieusement être le symbole d'une harmonie
supérieure que savent entendre, lorsqu'ils se
dégagent des contingences passagères et des
passions du moment, et que savent aimer tous
ceux qui ne sont pas insensibles à la douleur
humaine.

Messieurs, la grande émotion qui s'empara de
moi ce soir-là, je la retrouve aujourd'hui au
milieu de vous. Il y a désormais un foyer créé
dans le monde avec le concours des hommes
de bien de toutes les nations, non seulement
philosophes, économistes ou jurisconsultes,
mais hommes d'action, grands industriels,
grands commerçants, chefs de grandes adminis-
trations publiques, hommes d'État des pays les
plus divers.

Ce foyer est créé pour répandre par le monde
la lumière de la conscience et la chaleur du
cœur humain. Il s'agit d'engager la lutte
contre l'ensemble des maux sociaux. Il s'agit

H

d'organiser la prévoyance pour préserver de ces maux tous les hommes, dans tous les pays, depuis la naissance jusqu'à la mort. On a dit justement que c'était une politique de sauvegarde sociale, puisqu'elle a pour but la conservation des forces humaines. C'est bien en effet une politique conservatrice et non révolutionnaire, une politique rationnelle et non passionnelle, une politique protectrice et non destructive. Nous ajoutons enfin, et cela seul suffirait à la justifier à nos yeux, que c'est la politique la plus hautement morale qu'il soit possible de professer et de mettre en action. N'est-elle pas faite pour rallier en même temps les véritables hommes d'affaires, ceux qui produisent et non ceux qui spéculent, et les véritables travailleurs, ceux qui cherchent, non la satisfaction d'une ambition personnelle, mais la sûreté et la justice pour tous? Elle est libératrice du travail et créatrice de richesse. Elle est faite pour satisfaire la raison et pour libérer les consciences.

L'édifice que nous construisons est celui de la solidarité humaine. C'est une œuvre de tradition, car c'est l'intégration de tout l'héritage acquis du progrès antérieur, et c'est une œuvre de création. C'est, suivant le mot du philosophe, une œuvre d'évolution créatrice, car c'est l'accession à un état supérieur de l'humanité. Toute coordination d'éléments d'un organisme, propre à se développer ensuite par lui-même par la force de son élan vital intérieur, avec la conscience de son développement, est comme la création d'un être nouveau.

A tous ceux qui aiment leurs semblables, aussi bien à ceux qu'anime une foi religieuse qu'à ceux que guide une conviction philosophique, une telle œuvre peut être également chère. Unissons toutes nos pensées, toutes nos convictions, toute la force de nos âmes pour semer le germe qui ne périra pas.

Je me rappelle les admirables paroles par lesquelles notre grand savant français Louis Pasteur terminait son discours à l'inauguration du célèbre institut qui porte son nom :

« Deux lois contraires semblent aujourd'hui en lutte : une loi de sang et de mort qui, en imaginant chaque jour de nouveaux moyens de combat, oblige les peuples à être toujours prêts pour le champ de bataille, et une loi de paix, de travail, de salut, qui ne songe qu'à délivrer l'homme des fléaux qui l'assiègent. L'une ne cherche que les conquêtes violentes, l'autre que le soulagement de l'humanité. L'une sacrifierait des centaines de mille d'existences à l'ambition d'un seul ; l'autre met une vie humaine au-dessus de toutes les victoires. »

Et Pasteur, quatre ans plus tard, à la fin de sa vie, en 1892, concluait par cette parole d'espérance à laquelle vous applaudirez, Messieurs, comme l'ont alors fait unanimement les délégués de toutes les nations qui étaient venus le saluer des extrémités du monde: « Vous m'apportez, disait-il, la joie la plus profonde que puisse éprouver un homme qui croit invinciblement que la science et la paix triompheront de l'ignorance et de la guerre, que les peuples s'entendront, non pour détruire, mais pour édifier, et que l'avenir appartiendra à ceux qui auront le plus fait pour l'humanité souffrante. »

LA POLITIQUE DU DROIT ET LA CRISE BALKANIQUE [1]

Mon cher président,

Je vous ai dit mon regret de ne pouvoir assister aux séances du 8ᵉ congrès national de la paix. Je vous demande de bien vouloir transmettre mes excuses à vos collègues et leur dire les vœux que je forme pour qu'à cette heure particulièrement difficile, leurs travaux soient couronnés de succès.

Je viens de dire à quel point l'heure était difficile. Il ne faut pas cependant que ceux qui croient fermement à la souveraineté du droit et qui luttent pour le triomphe de la justice, entre les nations comme entre les hommes, soient découragés par la crise que traverse aujourd'hui l'Europe entière.

Dans tous les événements humains, il faut discerner ce qui est passager et ce qui est permanent. Il faut, dans la crise présente, distinguer ce qui provient de causes anciennes dont, à une heure donnée, les cruelles conséquences devaient fatalement se produire, et ce qui, au contraire, répond aux espérances des sociétés modernes et peut s'interpréter comme un signe heureux pour leur avenir.

[1] Lettre de M. Léon Bourgeois à M. Charles Richet, Président du 8ᵉ congrès national de la paix, Paris, 11 mai 1913.

Un premier fait nous frappe douloureu-
sement et pourrait jeter d'abord le désarroi
dans les esprits. Les projets de lois soumis en
ce moment au Reichstag vont accroître dans
une proportion formidable les armements de
l'Allemagne et nécessiter de la part de la France
un effort extraordinaire et des sacrifices auxquels nous devons nous décider énergiquement
et sans retard.

Je ne veux point ici discuter la nouvelle loi
militaire. Je tiens seulement à dire, pour mon
compte, que si, après une loyale délibération
dans les Chambres, le service de trois ans est,
comme je le crois, reconnu indispensable pour
assurer la sécurité de notre pays, me souvenant
trop cruellement des désastres de 1870, je
n'hésiterai pas à le voter. Nul plus que moi
ne déplore cette folie des armements où se
laisse entraîner l'Europe, et je n'oublie pas
que j'ai été en 1899, à la première conférence
de la Haye, le rédacteur et le défenseur du
vœu tendant à la limitation des charges militaires qui pèsent sur le monde. Mais je
n'oublie pas non plus ce que je disais au Sénat,
en 1907, à l'issue de la deuxième conférence:
« Pour nous, partisans résolus de l'arbitrage et
de la paix, le désarmement est une conséquence
et non pas une préparation. Pour que le
désarmement soit possible, il faut d'abord que
chacun sente que son droit est assuré. C'est la
sécurité du droit qui, d'abord, doit être orga-

nisée. Derrière ce rempart seulement, les nations pourront désarmer. »

Le droit est la protection des faibles. Ce serait désarmer la cause de la paix que d'affaiblir ceux qui préparent le règne du droit. Qui, parmi nous, songerait à affaiblir cette patrie qui est la nôtre et dont vous disiez avec moi à Reims, à votre 6ᵉ congrès national, « qu'elle saurait rester dans l'avenir ce qu'elle a été si souvent dans l'Histoire, la gardienne de la liberté et le soldat du droit ? »

Soyons pacifiques et soyons forts. Et sachons attendre. C'est de l'excès même des charges qui s'appesantissent sur l'Europe que naîtra, plus tôt qu'on ne semble le croire, l'irrésistible mouvement d'opinion qui rendra nécessaire une politique de sagesse, de respect mutuel et de véritable sécurité.

Où en est d'ailleurs, à la fin de la tourmente qui vient de dévaster l'orient de l'Europe, la grande cause de la liberté et du droit des nations ?

Les institutions internationales à la fondation desquelles nous avons travaillé depuis tant d'années ont pour objet suprême d'empêcher les États civilisés, lorsque s'élève entre eux un conflit d'intérêts ou lorsque naît un risque pour leur honneur, de demander aux armes le réglement de leur désaccord.

Dans la « société des nations, » les États civilisés sont à nos yeux des personnes morales, conscientes, ayant le devoir de réfléchir au bien-fondé de leurs prétentions réciproques et capables de considérer « la justice et le droit » comme un bien supérieur qu'il est de l'intérêt de tous de sauvegarder. Pour eux, c'est un devoir — et c'est en même temps un grand bienfait — de soumettre à l'arbitrage équitable de tiers désintéressés le sort de leur différend. Lorsque le droit a été dit entre eux, les passions redoutables s'apaisent. Et, comme hier encore, la France et l'Italie viennent de le constater si heureusement grâce à la sentence arbitrale du *Carthage* et du *Manouba*, chacune des parties ayant, sans atteinte à son honneur, pu reconnaître ce qu'avaient de fondées les prétentions de son adversaire, trouve, dans une période nouvelle de tranquillité et de dignité, les moyens de se développer librement et d'acquérir dans la paix un degré de puissance qu'une guerre, même heureuse, ne lui aurait peut-être pas donné.

Le sentiment de l'utilité de ces arbitrages a pénétré si bien l'opinion universelle que l'on n'avait pas vu, au moins dans les limites de notre Europe, de guerre se déclarer depuis plus de trente-cinq ans. Et de dangereux conflits entre l'Angleterre et la Russie, entre la France et l'Allemagne, avaient pu, dans ces dernières années, recevoir, grâce aux conventions de la Haye, leur solution arbitrale.

Mais était-il possible d'espérer que l'empire du droit était définitivement fondé et que toute guerre était désormais impossible? Qui donc, parmi les hommes d'expérience et de raison, aurait pu croire qu'une révolution, qui ne tend à rien de moins qu'à renouveler la face du monde, s'accomplirait en quelques années? Pouvait-on oublier qu'en 1907 la cause de l'arbitrage obligatoire n'avait pas réuni l'unanimité des voix des États?

Enfin la crise de 1912 n'offrait-elle pas des caractères particulièrement graves qui rendaient, hélas! la lutte à peu près inévitable?

La guerre des Balkans n'a pas été seulement une guerre d'État à État, c'est vraiment un conflit ethnique où la longue servitude de populations européennes, pénétrées de la civilisation occidentale, aptes à égaler les autres nations du monde latin et germain, avait accumulé des ferments de révolte.

C'est entre peuples également libres, également souverains, que l'établissement de rapports juridiques peut normalement s'établir. Là où subsiste une servitude, une oppression, comment parler aux opprimés la langue du droit et comment la leur faire entendre, lorsqu'à leurs yeux le premier des droits, celui· de disposer d'eux-mêmes, leur est d'abord refusé?

Le drame s'est engagé ici comme entre deux forces de la nature. C'est l'histoire des révolutions de la terre; lorsque sous des pressions

séculaires, quelque rupture se fait dans les
couches profondes du sol, l'équilibre ne peut se
rétablir à la surface qu'à la suite d'un tremble-
ment de terre et du bouleversement de toute
une région. Ainsi entre les races slaves et la
puissance islamique, puisque aucune voie de
droit n'est encore ouverte pour régler de semblables conflits, a fini par se produire l'effroy-
able brisure. Depuis un siècle, l'Europe en
subissait la crainte, et de génération en génération, les diplomates se transmettaient avec une
anxiété croissante le problème redoutable qu'on
appelait la question d'Orient.

Alors a éclaté le conflit sanglant. Mais
pendant la lutte, au milieu de difficultés qui se
renouvelaient presque chaque jour, il semblait
que la nécessité supérieure de la paix n'était
perdue de vue par personne. La tendance de
l'opinion était si certaine qu'au milieu des
effrayantes hécatombes des champs de bataille
balkaniques, la seule idée qu'on osât ouvertement exprimer était celle-ci: éviter que le
conflit ne s'étende à d'autres puissances, cir-
conscrire le terrain de la lutte, empêcher l'extension de l'œuvre de mort. Quelles que
fussent leurs arrière-pensées, les grandes puissances sentaient au-dessus d'elles une puissance
plus grande encore, une force « impondérable »
qui les disciplinait dans une action commune
de prudence, de sagesse, de modération. Et
en ce qui touche les États balkaniques eux-

mêmes, un seul but était proposé: assurer à
chaque race sa place naturelle au soleil, délivrer les nations vaincues de leur servitude
séculaire, rétablir chaque peuple dans sa liberté,
dans son droit. Il n'est pas jusqu'à l'Alba-
nie dont on n'ait cherché à justifier la création
par l'affirmation de l'existence d'une nationa-
lité propre, ayant droit au sol et à la vie aussi
bien que les autres nationalités des Balkans.

Ainsi, à l'origine du conflit comme dans les
modalités de son règlement, ce n'est nulle part
la théorie de la conquête qui prévaut. C'est la
théorie du droit qui s'exprime. On prétend
mettre la force au service du droit, et dans les
négociations entre les puissances dépositaires
de la force, on prétend ne se servir de celle-ci
que pour reconstituer un équilibre fondé sur
le droit.

En somme, c'est un redressement de l'idée
du droit contre l'idée de la force que symbo-
lisera dans l'Histoire l'alliance des peuples balkaniques, et c'est une œuvre de liberté et de
droit que l'Europe aura fait sortir de l'épou-
vantable aventure de guerre.

Je ne prononce pas ici de vaines paroles
d'optimisme sentimental. Ceux qui regar-
dent de trop près l'œuvre d'un peintre n'aperçoivent qu'un chaos de lignes et de couleurs où
tout leur paraît sans ordre et sans raison. Il
faut du recul pour juger l'ensemble d'un tableau

et comprendre comment la violence de certains
gestes peut s'associer, dans l'ensemble, à l'harmonie de la composition, à l'équilibre des
groupements. Si l'on se place, en face des
événements des Balkans, à un point de vue
suffisamment élevé pour distinguer l'ensemble des choses et deviner le sens de leur développement, on reconnaîtra que l'indépendance
obtenue par des millions d'hommes appartenant
à une même race, à de mêmes croyances, à une
même civilisation est un grand progrès humain
accompli. Ces races nouvellement arrivées à
la vie nationale, à la souveraineté, vont trouver
dans des frontières nouvelles leur place nécessaire; elles y constitueront autant de foyers de
civilisation régulière où s'apaiseront peu à peu
les violences que la servitude fomente nécessairement au cœur des hommes.

Il y avait, dans l'ensemble des nations européennes, comme une série de sièges vacants que
leurs légitimes possesseurs étaient, par la force,
empêchés d'occuper. Aujourd'hui, tous ceux
qui ont, par le droit traditionnel et par l'égalité
de civilisation, un titre égal à une représentation dans l'aréopage y ont enfin libre et définitif
accès. Et les délibérations de demain de cette
Europe ainsi complétée pourront enfin prendre le
caractère qui permet entre des égaux l'échange
des idées, la discussion des intérêts communs,
la reconnaissance réciproque des droits et des
mutuelles obligations.

Mais ces places que viennent prendre aujour-
d'hui dans les conseils de l'Europe les nations
balkaniques n'étaient pas seulement occupées
par la puissance asiatique; elles étaient en
même temps convoitées par d'autres puissances,
puissances européennes, celles-ci, qui, faisant
fond sur la prétendue faiblesse des petites
nations slaves de l'Orient, tournaient depuis
longtemps ce que l'on appelle leur volonté de
puissance vers ces domaines, dont la possession
définitive ne semblait pas encore assurée. Les
victoires balkaniques ont limité ces ambitions.
Les déceptions qu'elles ont causées ont été la
source de bien des irritations, de bien des tentatives de revanche, et nous avons senti dans ces
derniers jours les plus graves périls grandir de
ce côté.

Et voici que sous la poussée de l'opinion universelle, ces périls eux-mêmes semblent avoir
disparu. Nul n'a osé affronter l'horrible risque
d'une guerre générale. La solidarité des
intérêts européens l'a emporté sur les forces de
discorde. Il y a je ne dis pas un respect
humain, mais comme un point d'honneur
nouveau. Nul ne veut agir sans invoquer un
mandat de l'Europe. Nul n'avoue d'autre but
que la pacification des régions contestées et
l'installation de gouvernements qui répondent
aux vœux et aux droits des peuples. Nul,
quelles que soient ses intentions secrètes, n'ose
laisser paraître une pensée de conquête. Nul

n'ose parler d'une force qui primerait le droit. Tous déclarent mettre celle-ci au service de celui-là, et dans les discussions diplomatiques comme dans les polémiques de presse, chacun semble vouloir plaider une cause désintéressée devant un de ces tribunaux internationaux dont nous avons assuré l'existence et où, seules, les paroles de justice peuvent être prononcées et entendues.

Que d'enseignements et que d'espérances contiennent ces délibérations si confuses, si anxieuses, de la conférence de Londres! C'est une conférence diplomatique, et à certaines heures, il semble bien que cela devienne un tribunal d'arbitrage international. Si bien qu'un jour prochain, l'on pourra reconnaître que le résultat de la catastrophe récente a été de faire prendre aux grandes puissances une intelligence plus nette de la solidarité de leurs intérêts permanents. L'Europe prend conscience qu'elle est, elle aussi, une personne morale qui existe au-dessus et en dehors de chacun des États qui la composent; elle se sent un organisme vivant; elle a maintenant, si je puis dire, une âme, où déjà vit la honte de la violence, où s'affirment le sentiment du droit et la certitude d'un devoir moral commun à tous.

Malgré l'horreur de tout ce sang versé, attendons l'avenir avec une confiance réfléchie! La paix a prévalu hier. Que les hommes de paix

sachent rester forts, et la paix prévaudra
demain.

Léon Bourgeois.

M. Charles Richet a prononcé un discours dans lequel
il a dit: « Nous n'ignorons pas combien les circonstances actuelles sont peu favorables. Mais nous
pensons que notre œuvre est d'autant plus opportune
qu'elle rencontre plus d'obstacles. Les amis de la paix
reprennent à leur compte la pensée de Beaumarchais:
« La difficulté de réussir ne fait qu'ajouter à la nécessité d'entreprendre. »

M. Lucien Le Foyer a donné lecture de diverses
lettres d'adhésion et d'encouragement et a exposé les
grandes lignes des travaux qui incombent aux délégués.

Cinq commissions ont été instituées.

LA CIVILISATION ATLANTIQUE ET LES CONFÉRENCES DE LA HAYE

Discours prononcé, le 2 décembre 1913, par M. Léon Bourgeois, à l'occasion d'une fête donnée par le Comité France-Amérique en l'honneur des représentants diplomatiques des deux Amériques auprès du Gouvernement français.

Mesdames, Messieurs,

C'est toujours un très grand honneur d'être choisi par mon vieil et cher ami Hanotaux pour présider un des dîners du Comité France-Amérique. Mais l'honneur, ce soir, est singulièrement redoutable et je ne l'ai point accepté sans une sincère appréhension.

Je savais, en effet, que ce « premier dîner d'hiver » aurait un caractère de solennité exceptionnelle; il devait réunir tous les chefs des missions diplomatiques américaines accréditées à Paris, notre Ministère des Affaires étrangères et la ville de Paris y seraient représentée par de brillants orateurs, et notre Président voulait que, par eux, fussent rappelées et mises en lumière toutes les causes de sympathie et de confiance réciproque qui nous unissent aux deux Amériques. Vous avez admiré, Messieurs, l'éloquence avec laquelle MM. Abel Chevalley et Louis Dausset

vous ont exprimé nos sentiments communs.
C'est bien la fête du Nouveau Monde que nous
célébrons ici au nom de Paris et de la France.

Aussi bien, Messieurs, que pouvais-je venir
vous dire après les représentants autorisés de
la République et de la Ville? . . . Je l'ai
demandé à notre Président. Il m'a répondu
que ma présence ici était à ses yeux justifiée
par un fait particulier: Il se rappelait qu'en
1907, à la Conférence de La Haye, comme
président de la Délégation française, j'avais
entretenu des rapports excellents avec les
délégués des Républiques du Nord et du Sud
de l'Amérique; il savait qu'il s'était alors
établi entre nous des relations d'une telle
cordialité que je serais certainement heureux
d'en évoquer publiquement le souvenir.

La mémoire d'Hanotaux est très fidèle.
C'est un historien dont les jugements sont
fondés sur l'information la plus exacte et la
plus sûre. Il sait surtout à merveille son
histoire contemporaine et je ne connais pas
de guide plus avisé lorsqu'on veut se tirer de
quelqu'une des innombrables embûches que
notre pauvre politique européenne jette à
chaque instant sous les pas des gouvernants.
J'ai cédé au charme des souvenirs qu'il évoquait devant moi.

Oui, il est vrai que j'ai eu l'occasion, il y a
six ans bientôt, de dire publiquement au

Palais du Luxembourg, dans une fête offerte à nos collègues d'Amérique lors de leur retour de La Haye, combien profonde était la mémoire que les délégués français garderaient de cette collaboration de quelques mois.

Aux applaudissements d'une assemblée où siégeaient les présidents du Sénat, de la Chambre et du Conseil, où avait pris la parole un Ministre des Affaires étrangères que je suis très heureux de retrouver encore aujourd'hui au Quai d'Orsay, aux applaudissements de l'immense majorité des membres des deux Chambres françaises, qui paraissaient s'être réunies en Congrès pour cette circonstance solennelle, j'adressai les remerciements de la France à nos collaborateurs du Nouveau Monde: « Jamais, disais-je, je ne pourrai montrer à quel point notre délégation a été soutenue dans sa tâche par les délégations des deux Amériques. A les voir, les unes et les autres, également attachées à l'œuvre commune, y travaillant avec nous sans aucune négociation préalable, spontanément et par la faculté d'un même esprit, par le besoin d'un même cœur, il nous semblait qu'il y avait là l'action unique d'une seule délégation, celle des Républiques du monde entier. »

Messieurs, il n'y avait dans ces paroles rien de l'habituelle courtoisie diplomatique, rien de ce que le Prince de Bülow appelait hier dédaigneusement « la petite monnaie des rapports internationaux. » Il est exact que, dès les premiers jours de la Conférence, une sorte de consentement instinctif avait groupé les délégués du Nouveau Monde et les représentants des puissances européenes que l'on appelle volontiers les puissances libérales et parmi lesquelles nous tenions à honneur, nous autres Français, de nous compter au premier rang.

Je ne peux pas rappeler ici les noms de tous ceux de nos collègues américains qui ont pris une part si éclatante aux débats de notre assemblée: Choate, Porter, James Brown Scott, La Barra, Bustamente, Quesada, Crisanto-Medina, Triana, Ruy Barbosa, le Président Saens Pena, Drago, Larreta, Gana, Candamo, Victor Rendon: que de noms d'orateurs, de jurisconsultes, d'hommes d'État, dont la voix s'est élevée dans nos séances plénières et dans celles de nos trois grandes Commissions! Et combien je sens mon injustice de ne pouvoir citer encore tant d'autres collègues, remarquables par le savoir et par le talent, qui ont apporté dans les travaux de nos Commissions un concours si utile et si précieux!

Mais ce qu'il m'appartient de dire, ce ne sont pas, particulièrement, le mérite, la valeur, les services personnels de tel ou tel d'entre eux, ce sont les raisons profondes, impersonnelles, qui établissaient à l'avance, entre eux et nous, le lien moral qui nous a été, qui nous demeure si cher.

Tous vos délégués, Messieurs, représentaient d'abord l'idée républicaine. Ce n'était pas une raison médiocre d'entente et de cordialité que cette adhésion aux mêmes principes politiques, cette même croyance à la souveraineté de la Nation, cette même foi dans l'avenir des institutions libres et dans le développement pacifique des démocraties modernes. Comme dans notre France, le 14 juillet 1790, les citoyens de nos nouveaux départements, venus de tous les points du pays pour' s'unir au *Champ de Mars* dans la grande Fête de la Fédération, laissaient éclater sur leur visage la joie de se reconnaître tous comme les fils d'une même mère, nous avons senti, dès notre première rencontre avec vous, dans la grande salle du *Binenhof*, que nos yeux et les vôtres brillaient d'une même lumière, et nous avons éprouvé cette allégresse de nous reconnaître, les uns et les autres, comme les enfants d'une même famille, comme les soldats d'une même patrie idéale.

Mais il faut aller chercher plus loin encore ce qu'il y a 'de profond et ce qu'il y aura de durable dans la communauté de nos sentiments.

Pour nos frères de l'Amérique latine, j'ai à peine besoin de dire que la conscience de l'identité de la race se mêlait en nous à celle de l'identité des pensées politiques. A entendre, parlant merveilleusement notre langue française, les orateurs de vos Républiques,

nous comprenions qu'une même culture avait
formé nos esprits. Nous avions reçu les
mêmes enseignements de la Grèce et de Rome ;
nous avions subi l'empreinte ineffaçable des
mêmes littératures classiques et nous recon-
naissions aussi les mêmes maîtres de notre
esprit dans la lignée des philosophes des XVIIIe
et XIXe siècles qui ont donné à nos sociétés
modernes leur idéal politique et social.

Ce n'était pas seulement les mêmes mots
que nous prononcions, les uns et les autres,
c'était le sens profond de chacune de nos
paroles que nous percevions également ; c'était
tout notre être qu'animaient, qu'éclairaient,
qu'ébranlaient ces grandes vérités dont nous
espérions faire admettre, par l'ensemble des
États du monde, la formule définitive, dont
nous préparions la réalisation dans les faits.

Mais, Messieurs, n'en était-il pas de même
avec nos collègues des États-Unis du Nord ?
Certes, en nous tournant vers eux, nous sentions
bien d'abord les difficultés que nous offraient
la différence des langues. Mais si, par certaines
manières de penser et de dire, l'esprit anglo-
saxon s'oppose volontiers au nôtre, il s'y
oppose, pour ainsi dire, comme la couleur
complémentaire à celle dont elle est le complé-
ment, c'est-à-dire pour former l'harmonie
supérieure où se résume la totalité de la lumière ;
et cet obstacle une fois surmonté, nous recon-

naissions rapidement que, présentée sous une autre forme, avec d'autres mots peut-être, c'était les mêmes idées que nous voulions faire triompher.   C'est que, là encore, nous pouvions remonter à une source commune.   Nous avions devant nous les arrières petits-fils de la Révolution d'Angleterre, les petits-fils des pèlerins du *Mayflower*, de ces exilés volontaires qui avaient pour ainsi dire emporté leur patrie afin de lui conserver sa grandeur et sa pureté, les descendants de Washington, de Jefferson, des grands citoyens aux côtés desquels avaient combattu nos La Fayette et nos Rochambeau; nous voyions en eux revivre les devanciers de notre Révolution Française.   Et comme vous-mêmes, représentants de l'Amérique latine, dont les Révolutions ont suivi la nôtre, veniez chercher en nous les fils de 1789, à notre tour, nous rejoignions, en rencontrant les délégués du drapeau étoilé, des ancêtres et des précurseurs.

Messieurs, quelle joie ce fut pour nous de trouver ainsi nos sentiments les plus chers également partagés par les libres esprits de l'une et l'autre Amérique!

Hanotaux, il y a quelques jours, rappelait cette parole frappante de l'ancien ambassadeur des États-Unis à Paris, l'éminent M. Robert Bacon, disant « que la pensée nord-américaine, pour être admise en Amérique du Sud, doit d'abord « toucher barre » à Paris. »

Quelle fierté, s'il est vrai que notre France peut vous offrir ce miroir fidèle où vous saurez tous vous reconnaître, ce miroir clair, où se fixeront enfin pour tous les yeux, avec la même netteté, sous les mêmes traits, les images depuis tant de siècles incertaines de la vérité, de la justice et de la paix!

Messieurs, ces souvenirs me sont restés bien présents et je ressens encore l'émotion qui nous pénétrait, à cette heure déjà lointaine où nous commencions à fonder ensemble l'edifice du monde nouveau.

Mais, depuis lors, que de liens se sont encore resserrés entre vous et nous. Je ne songe pas seulement au merveilleux développement de nos relations économiques, dont M. Chevalley vous indiquait tout-à-l'heure les chiffres saisissants: le mouvement général de nos échanges avec le Nouveau Monde passant de 1,800,000,000 fr. en 1913 à 3,046,000,000 fr. en 1912, nos achats en Amérique augmentant de 60 pour cent et les vôtres en France de 100 pour cent pendant le même temps.

Je pense aussi aux voyages faits chaque année en Amérique par des représentants de la littérature, de la philosophie ou de la politique françaises: ceux de notre cher collègue de La Haye, d'Estournelles de Constant ou de Clémenceau, d'Henri de Régnier ou d'Anatole France, de Brunetière, de Bergson ou de

Boutroux. Et je pense, en retour, aux lectures données, aux cours faits, aux ouvrages publiés en France par vos professeurs ou vos hommes d'État: les noms de Barret-Wendell, de Van Dyke, de Dawis, de Nicolas Murray Butler, du président Roosevelt, de Rodriguez Larreta, d'Oliveira Lima, parmi tant d'autres, se pressent dans ma mémoire.

Je pense à cette Fondation Carnegie, qui fédère si étroitement, des deux côtés de l'Océan, tous ceux qui travaillent pour la cause de la Paix, et met à leur disposition les ressources les plus larges.

A cet Institut de Droit américain qui, après avoir rendu obligatoire l'emploi de la langue française dans toutes ses publications, a établi son siège à Paris, où nous l'accueillons de grand cœur, non comme un démembrement, — car le droit est, comme on l'a dit fortement, « un et universel, » — mais comme une précieuse extension du grand Institut de Droit international.

Puis voici la série des arbitrages, dont Chevalley vous parlait tout-à-l'heure avec tant d'autorité, puisqu'il en a été l'actif et heureux négociateur: arbitrages avec le Mexique, avec Haïti, Cuba, le Vénézuéla, la Colombie, le Pérou, l'Uruguay, l'Argentine, qui ont enfin donné à tant d'anciens différends les solutions conformes à la fois à la justice et à l'intérêt des États.

Et voici également les traités d'arbitrage franco-américains, nouveaux ou renouvelés, avec les États-Unis, la Colombie, le Brésil.

Enfin, puis-je oublier les propositions de conventions générales d'arbitrage présentées par le président Taft et acceptées en 1911 par l'Angleterre et par la France; et celles de M. Bryan pour l'organisation des Commissions internationales d'enquête?

Certes, ces propositions n'ont pas encore abouti à des accords définitifs, mais leurs énoncés seuls suffisent à montrer combien l'Amérique est résolue à étendre l'œuvre de La Haye, à en fortifier les résultats, à donner à l'arbitrage international des sanctions nouvelles, et à établir entre les pays libéraux des deux mondes les liens de droit rigoureux, définitifs, qui formeront entre eux le premier groupe de la Société des Nations.

Messieurs, les tristes événements qui ont bouleversé l'Europe au cours des deux dernières années ont permis aux esprits superficiels de taxer d'impuissance et de stérilité notre œuvre de 1907. Mais les brouillards ne couvrent-ils pas la terre à l'aurore des journeés de grand soleil? Et votre Président ne rappelait-il pas dernièrement en termes piquants « que les contemporains s'aperçoivent à peine de ce qui doit étonner la postérité, et que le présent n'a

pas le sens exact du prolongement des choses
vers l'avenir » ?

Ceux qui voient au fond des choses et qui
distinguent, sous les mouvements passagers
de l'opinion, les courants profonds qui déter-
minent les événements généraux de l'histoire,
savent bien que l'eau souterraine, dans son
mouvement incessant, désagrège les roches
les plus anciennes et les plus dures. L'idée
toujours en marche poursuit victorieusement
son chemin; aussi nous préparons-nous avec
confiance à cette troisième Conférence, dont
l'annonce a été solennellement faite au Monde
et dont nous ne pourrions, sans manquer au
plus sacré des engagements, laisser ajourner
indéfiniment la date.

Messieurs, il faut que les travaux de cette
troisième Conférence aient été sérieusement
préparés à l'avance. Il faut que l'on n'aille
plus à La Haye sans un programme précis,
sans des ententes déjà certaines, sur les points
essentiels, entre les principales nations.

Et à qui appartient-il de provoquer et d'entreprendre cette œuvre préparatoire? Quels
seront ceux qui sauront à l'avance envisager
d'un même esprit et poursuivre d'une même
volonté l'objet commun? Qui, sinon les trente-
deux États qui ont forcé la majorité de 1907
et voté le principe de l'arbitrage obligatoire?

Messieurs, laissez-moi vous rappeler la liste

de ces trente-deux États que rien n'a pu
séparer. Elle est bien instructive, écoutez-la :
États-Unis d'Amérique, Argentine, Bolivie,
Brésil, Chili, Chine, Colombie, Cuba, Dane-
mark, République Dominicaine, Equateur,
Espagne, France, Grande-Bretagne, Guaté-
mala, Haïti, Mexique, Nicaragua, Norvège,
Panama, Paraguay, Pays-Bas, Pérou, Perse,
Portugal, Russie, Salvador, Serbie, Siam,
Suède, Uruguay, Venezuela.

Vous le voyez, pas une des républiques
américaines n'a manqué à l'appel de son nom.
Toutes vos nations se sont inscrites au grand
livre du Droit et de la Paix. C'est un grand
honneur pour la France de s'y être, avec neuf
autres nations européennes, inscrite également
dès le premier jour.

Ne vous semble-t-il pas que la réunion de ce
soir est de bon augure ? Ne montre-t-elle pas
combien ceux qui s'accordaient en 1907 sont
restés fidèles aux mêmes pensées et sont prêts
à renouveler les mêmes accords ? Et ne
donnera-t-elle pas aux bonnes volontés hési-
tantes quelque puissant encouragement et
quelque motif d'agir ?

Je m'arrête, car je ne voudrais pas que l'on
pût croire à un empiètement de ma part sur
l'initiative qui revient, en de telles matières,
aux gouvernements de nos pays. Je connais
d'ailleurs les sentiments qui animent celui de
la République française et je sais qu'en parlant

comme je l'ai fait, je n'ai rien dit qui puisse
l'émouvoir ou le gêner.

Quelle promesse d'avenir pour l'humanité
dans cette longue liste d'États prêts pour
l'organisation du droit humain! C'est entre
vos Républiques et ceux des pays d'Europe
que leur histoire ou leur situation géographique
tournait plus naturellement vers vous, que
s'est faite d'abord, et comme d'elle-même, ce
que j'appellerai « la Nouvelle Alliance. »

L'Atlantique ne sépare plus: il unit. Comme
autrefois la Méditerranée a été le centre autour
duquel s'est peu à peu fixé, de l'Egypte et de
Tyr à l'Ionie et à l'Hellade, et jusqu'à Rome
et jusqu'à Phocée, la civilisation de l'anti-
quité, c'est d'une rive à l'autre de l'Atlantique
que s'échangent, depuis un demi-siècle, les
sentiments et les idées qui créent peu à peu
la volonté d'une action commune et préparent,
dans la liberté et dans la confiance, les grandes
fédérations de demain.

Grâce à vous, fils des jeunes civilisations
nouvelles, après la conquête qui s'est portée
pendant tant de siècles de l'Orient à l'Occident, pour peupler et civiliser vos territoires,
une nouvelle conquête, — pacifique celle-là, —
s'accomplit de l'Occident à l'Orient, et la
grande marée qui a poussé jusqu'à vous, depuis
le XVme siècle, la vie de l'humanité, revenant
sur elle-même, rapporte maintenant jusqu'aux

extrémités de la lointaine Asie, par-dessus les
barrières de la vieille politique continentale, la
puissance du flot vainqueur!

Chose singulière, on dirait que la prédiction
de Christophe Colomb s'accomplit. Il s'imagi-
nait toucher aux Indes orientales en découvrant
l'Amérique: voici l'Amérique qui répond à son
appel pour la conquête pacifique de l'Ancien
Continent.

Plus heureux que nous, je l'espère, vous
saurez n'être pas entravés dans votre marche
en avant par les obstacles que les traditions
de servitude et de violence dressent en tous
lieux, depuis tant de siècles, contre la paix de
notre vieux Monde. Vous nous avez quelquefois remercié d'avoir donné à vos littératures,
à votre politique, à votre philosophie, des
exemples et des modèles; voici que maintenant nous espérons qu'à notre tour les forces
vives de votre jeunesse donneront au génie de
la vieille Europe le plus précieux et le plus
fécond des renouveaux, et je me plais à citer
ici ces paroles de votre Président Wilson
qu'Hanotaux nous rappelait il y a quelques
jours: « Qu'y avait-il dans l'esprit des hommes
qui ont fondé l'Amérique? Servir leurs intérêts égoïstes? Non. Mais servir la cause de
l'humanité, apporter *la liberté* au genre humain.
Ils ont levé leurs étendards, eux, les tenants de
l'espérance, comme un phare d'encouragement
pour toutes les nations du monde : les hommes

se pressèrent en foule vers nos rivages, pleins d'une attente comme il n'en exista jamais, et ils trouvèrent ici, pour des générations entières, un havre *de paix, d'opportunité, et d'égalité!* »

Qui parle ainsi? Est-ce le président d'une République américaine, ou bien un des grands orateurs de la Révolution française?

Messieurs, nous avons le sentiment que nous préparons ensemble la nouvelle société humaine. Il n'est, a dit quelqu'un, de société véritable que la société spirituelle, c'est-à-dire qu'il faut qu'un même esprit anime les hommes, qu'une même conscience détermine en eux la volonté de vivre en commun, pour l'emporter sur les tendances destructives de tout groupement humain, sur les forces de division, de désagrégation et de mort.

Entre nous et les fils des Républiques du Nouveau-Monde, il y a désormais une société vivante et bien vivante: une âme commune est en nous.

Léon Bourgeois.

APPENDICE

I

LETTRE A M. BEAUQUIER

A L'OCCASION DE L'ANNIVERSAIRE DE WASHINGTON

Le 22 février 1900, comme tous les ans, l'anniversaire de la naissance de Washington a été célébré par les amis de la Paix de tous les pays. Un banquet a eu lieu au restaurant Corazza, à Paris.

Les convives étaient au nombre de cinquante à soixante, parmi lesquels on comptait plusieurs dames. M. Léon Bourgeois, à qui avait été offerte la présidence, n'ayant pu, par suite d'un autre engagement, assister à cette réunion, c'est M. Frédéric Passy qui a présidé le banquet.

Au moment des toasts, M. Beauquier, député du Doubs, a donné lecture de la lettre suivante de M. Léon Bourgeois.

Mon cher Collègue et Ami,

Je vous ai déjà dit comment un engagement antérieur m'empêchait de me rendre ce soir au banquet dont les sociétés de la Paix m'avaient fait l'honneur de m'offrir la présidence. Je vous serai bien reconnaissant de vous faire auprès de mes collègues, et particulièrement auprès de notre maître éminent Frédéric Passy, l'interprète de mes excuses et de mes très sincères regrets.

J'aurais été très heureux de témoigner de vive voix à ceux qui seront réunis ce soir autour de vous, ma gratitude pour la marque de sympathie que leur invitation m'avait apportée. Et je n'aurais pas manqué de leur dire bien haut, que les malheureux événements qui semblent, en ce moment, faire reculer la cause du droit et de la paix, ne doivent en rien décourager leurs espérances et diminuer leurs efforts.

Ce qu'ils ont entrepris n'est rien moins qu'une révolution morale universelle; et les révolutions de cet ordre sont semblables à celles de la nature: elles s'accomplissent par des mouvements dont la lenteur apparente étonne d'abord, où les arrêts et les réactions sont inévitables, et dont pourtant, lorsqu'un temps suffisant s'est écoulé, on mesure avec admiration la force invincible et les effets tout-puissants.

Qu'une grande nation qui semblait marcher aux premiers rangs dans l'évolution par où les rivalités du commerce et de l'industrie se substituent peu à peu aux luttes par le fer et par le feu, se soit jetée dans une guerre, où la vaillance de ses adversaires, leur patriotisme indomptable, leur foi dans le droit, balancent toutes les forces d'un puissant empire, l'obligent à l'épuisement de ses ressources et l'amènent à envisager comme probable la transformation de toute son organisation militaire et peut-être politique; — ces faits, qui sont de nature à causer une profonde tristesse aux amis de l'humanité, doivent être observés par eux dans un esprit scientifique, comme une manifestation des réalités douloureuses dont ils doivent tenir compte dans leur action, et dont il importe de calculer exactement la résistance, si l'on veut sortir des rêveries généreuses et préparer efficacement l'avènement du règne du droit entre les nations.

Je souhaite donc vivement, mon cher collègue, voir se poursuivre la propagande des sociétés diverses dont le souvenir de Washington réunit tous les adhérents au banquet de ce soir. Qu'elles ne cessent point de montrer à tous les yeux les bienfaits de la civilisation pacifique et les maux terribles de la guerre; qu'elles répètent que celle-ci ne peut être légitime que si elle a pour objet la défense sacrée du foyer national et qu'elle est injuste et impie lorsqu'elle n'est faite que pour satisfaire des intérêts ou des ambitions; qu'elles démontrent toujours plus clairement que la cause qu'elles soutiennent est conforme à l'idée du patriotisme le plus pur et le plus élevé, celle pour qui la patrie n'est pas simplement la circonscription géographique tracée par les caprices sanglants de la force, mais bien la communauté consciente fondée et maintenue par leur libre volonté entre les hommes de même sang et de même esprit; — qu'elles unissent en somme d'une manière toujours plus étroite les deux causes inséparables de la *Paix* et du *Droit humain*.

Les résistances qu'il n'était pas impossible de prévoir ne peuvent être surmontées que par une action quotidienne sur les esprits, par une sorte d'éducation méthodique de la conscience universelle. Nous avons pu faire sur ce point, à La Haye, d'intéressantes observations. Au début de nos travaux, il était facile de voir qu'en dehors du gouvernement du czar, initiateur de la conférence, et de ceux qui lui avaient, comme la France, donné

I

leur cordiale adhésion, les gouvernements de la plupart des puissances considéraient l'entreprise avec un scepticisme poussé jusqu'à la défiance. Un échec absolu n'eût pas attristé tout le monde. Et cependant, à mesure que les jours s'écoulaient, sous la pression extérieure de l'opinion générale, le désir d'aboutir devenait plus vif; un esprit supérieur d'entente, de concession, de conciliation se faisait place, et certainement si trois conventions importantes, qui sont loin de répondre à toutes les espérances, mais qui n'en constituent pas moins un progrès considérable, ont été adoptées et signées en fin de compte par tous les États représentés, on le doit à cette poussée du dehors, à cette influence des consciences indépendantes qui, dans l'avenir, s'exercera toujours avec plus de force sur les gouvernants.

Et comme toutes les vérités scientifiques, le noble idéal qu'elles ont en vue pénétrera les âmes les plus obscures et tendra, invinciblement, à se transformer en une bienfaisante réalité.

Encore mes remerciements à vous et à tous, mon cher collègue, et bien cordialement à vous.

Léon Bourgeois.

II

PRÉFACE POUR L' « ALMANACH DE LA PAIX » DE 1901

Cette préface fut écrite pendant la session du IXe
Congrès de la Paix, dans les premiers jours d'octobre
1900. Lecture fut donnée de cette page dans la
dernière séance du Congrès, le vendredi 5 octobre.

Au moment où l'*Association de la Paix par le
Droit* veut bien me demander quelques mots de
préface pour son Almanach de 1901, je ne lis dans
les journaux que télégrammes militaires, provenant
de l'Afrique du Sud et de la Chine. Et l'Almanach
de la Paix, s'il veut tenir ses lecteurs au courant
des faits de l'année, devra prendre la figure d'un
almanach de la guerre.

Cette cruelle ironie des choses doit-elle conduire
au découragement les hommes de bonne volonté?

Nous ne le croyons pas. La paix a, qu'on me
permette de le dire, ses *rêveurs* et ses *hommes
d'action*. Ceux-ci n'ont jamais cru que la paix
universelle dût un jour descendre sur la terre, d'un
seul coup, dans une illumination subite, simultanée,
de tous les esprits. Ils croient que la paix est le
terme d'une évolution, à la fois économique et
morale, à laquelle obéissent et travaillent, sans le
savoir, même ses pires ennemis. Ils la considèrent

comme l'état nécessaire d'une société véritablement humaine. Mais ils savent que cette société
n'existera dans les faits que lorsqu'elle aura d'abord
été constituée dans les consciences, et ils ne s'éton-
nent, ni ne se découragent des retards, des insuccès,
des retours momentanés en arrière, qui sont inévitables dans toute entreprise d'éducation.

Aussi bien, les faits les plus tristes portent ici
leurs enseignements consolants.

Il faut d'abord écarter les événements d'Extrême-
Orient. Il n'y a pas là de guerre entre nations
civilisées. Il y a eu une explosion de la barbarie,
malheureusement provoquée par l'âpreté des con-
voitises commerciales, facilitée par des fournitures
d'armes, aggravée par le conflit des passions reli-
gieuses. Mais en somme, la civilisation est tout
entière groupée sous les drapeaux alliés. Si la
sagesse prévaut dans les conseils de l'Occident, il
peut sortir un bien durable de cette union pour la
première fois réalisée.

Pour la guerre du Transvaal, il semble au contraire que rien ne puisse consoler les partisans du
droit et de la paix. Qu'une grande nation libérale
se soit laissé entraîner à entreprendre la conquête
du petit peuple dont la résistance héroïque a fait
l'admiration du monde, c'est un deuil pour la
civilisation.

Mais, n'est-ce pas une chose admirable qu'en
Angleterre même, de fermes esprits n'aient cessé
de protester et de réagir, au prix d'un véritable
péril, au nom du Droit et de l'Humanité, et qu'au
Congrès de la Paix qui vient de se tenir à Paris,

ce soient des Anglais — de courageux patriotes anglais — qui aient fait voter la déclaration qui condamne, au nom de la conscience, le refus opposé à tout arbitrage par le gouvernement de leur pays ? Il s'en faut que toute flamme soit éteinte au vieux foyer de John Bright et de Gladstone.

Mais il y a plus. Comment ne serait-on pas frappé du mouvement d'opinion universel auquel ont donné naissance les événements de l'Afrique du Sud ? Croit-on qu'il y a quelques années une guerre semblable eût soulevé des protestations sur tous les points du monde ? L'habitude était si générale des guerres de conquête que l'Europe et l'Amérique eussent assisté à celle-là, en spectatrices indifférentes. On se fût élevé contre des actes particuliers d'inhumanité commis au cours de la campagne, on n'eût pas songé à s'élever contre l'acte initial d'iniquité : l'entreprise même de la conquête.

On ne peut le nier, d'après les conventions de La Haye, il y a quelque chose de nouveau dans le monde ; une force, hier encore inconnue, se mêle, sur l'Orange et le Vaal, comme au milieu des ruines des légations de Pékin, aux événements universels. Une *conscience commune* se forme entre les nations civilisées.

Mais il faut bien entendre ce que cette conscience exige. Elle ne se borne pas à exciter en nous l'horreur de la guerre. Elle veut de nous quelque chose de plus.

Quand on parle de la Paix devant un auditoire populaire, on le sent agité par deux sentiments.

Oui, il est d'avis que la guerre est horrible, que la guerre de conquête est odieuse. Il songe aux souffrances des blessés, au désespoir des mourants abandonnés, aux désolations des femmes et des mères; il déteste, il maudit l'abominable fléau. — Et puis il pense cependant que si, tout à coup, dans l'état politique actuel du monde, une volonté supérieure imposait la paix, sans conditions, sans redressement des torts, sans compensation des injustices, sans délivrance des opprimés et des asservis, le mal n'aurait pas disparu avec la guerre. Ce ne serait pas la paix véritable, celle qui est à la fois dans les faits et dans les esprits, celle qui est fondée sur le libre consentement des consciences. Et il remonte naturellement au principe supérieur de tout ordre véritable, le *Droit*.

Et ce que ressent l'âme simple et profonde du peuple est bien la vérité. Ce qu'il faut, c'est lier toujours étroitement en nous ces deux idées inséparables en elles-mêmes: la Paix, but de la société humaine; le Droit, unique moyen d'établir cette paix.

L'*Association de la Paix par le Droit* a, par son titre même, exprimé cette vérité en termes définitifs. C'est pourquoi j'ai tenu à lui donner ici ma chaleureuse adhésion.

TABLE DES MATIÈRES

265

TROISIÈME PARTIE

LA SOCIÉTÉ DES NATIONS

APPENDICE

THE TEMPLE PRESS—IMPRIMERIE DE LETCHWORTH
ANGLETERRE

COLLECTION GALLIA

PARUS

A PARAÎTRE PROCHAINEMENT

COLLECTION GALLIA